佛洛姆

エーリッヒ・フロム
孤独を恐れず自由に生きる

自由自在活著，不怕孤獨

岸見一郎
鄭寬量——譯

◆關於〔青春哲學三部曲〕出版企劃

《佛洛姆：自由自在活著，不怕孤獨》
《漢娜．鄂蘭：極權主義的惡夢》
《叔本華：在充滿慾望的世界求生存》
三位思想家的三個主題，簡單扼要歸納思想精華。

①闡述究竟這是什麼樣的思想（概論）
②這種思想為什麼會誕生（時代背景）
③現在為什麼應該閱讀這樣的思想（當下能如何應用）

從以上三個方向探討關於個體、人生、社會、政治與國家等主題，是能一氣呵成讀完的「當代思潮」精巧一冊！

推薦序

敘事精簡俐落，說理提綱挈領

——紀金慶（臺灣師範大學與海洋大學兼任助理教授）

不同於二十世紀前半葉由佛洛伊德與榮格主導的精神分析理論，在西方二十世紀後半精神分析理論的一個重要變革是融入更多的哲學與社會學維度。

我們後來所熟悉的幾個名字，如佛洛姆、馬庫色、拉岡、齊澤克……他們除了將原有的精神分析理論規模注入新時代的哲學思維外，同時也將精神分析的重點從內在心理拖出來放置到外部社會條件檢視。

這使得精神分析理論更具有現實性和批判性。

佛洛姆（Eric Fromm, 1900-1980），一個將哲學與社會學注入精神分析理論的心理學大師，這使得他的理論思想對於「人與他的社會環境」間的辯證關係更立體的呈現出來：作為一個現代人，我們如何在一個現代世界的環境條件下形塑自己的命運？我們如何能夠避免現代資本主義對我們人格不知不覺的扭曲？我們如何正確的判斷、並且穩健的找到追求自由、靈魂、愛情的社會資源並完成自己成熟人格的陶成？這是他認為身而為人不能不好好琢磨的生命課題。

從過去課堂上教學經驗中同學們的反應與回饋，以及國內這些年不斷有佛洛姆著作新譯本相繼推出，推想佛洛姆的著作和我們目前臺灣實際的生活情境有許許多多共鳴的地方。

然而，佛洛姆的經典著作不少，且佛洛姆撰寫的方式相信對許多讀者而言也造成不小的障礙。這時，找到一本適合用來引領生手上路的介紹性書籍是不可或缺的。

日本思想家岸見一郎的這本《佛洛姆：自由自在活著，不怕孤獨》，敘事精簡俐落，說理提綱挈領。我向讀者推薦這樣一本精煉的書籍。

目次

第三章　權威的本質

第四章　逃避自由

第七章　佛洛姆留給人類的遺產

前言
從根本改變人生

我認為——埃里希·佛洛姆是位預言家。

佛洛姆在二戰前就發表的知名著作如《逃避自由》（*Escape from Freedom*）等書，那時他便已看到現代資本主義社會的本質，針對疏遠人本就會導致不幸的病因，發出了嚴正警告。其分析一針見血，批判直搗核心，至今看來仍是經典。

而現今世界正成為佛洛姆所預言並警告的那般。

人類在資本主義社會中，作為「消費人」（homo consumens）、「組織人」（organization man），無論其知曉與否，皆遵循一切權威，甚至沒有意識到依循權威的自己。而沒有真正的「自己」，便只能窺看「他人」臉色，遵循「他人」意見，無法活在「自己」的人生裡。而因戰爭導致人類滅亡的危險性也終將益發增高。

在這層面上，我認為佛洛姆不只是預測未來的預言家，更是位「先知」。

佛洛姆出生於代代皆為拉比（猶太教神職）的世家。所謂先知就是傳達神祇訊息的人。而他傳達的訊息，泰半是對同時代精神上墮落的人們所發出的警告，希冀他們「改變吧！」

不過，這樣的聲音卻沒有傳遞到大眾耳裡。就好比猶太人對先知耶利米的警告充耳不聞，結果遭到強大的新巴比倫帝國君主尼布甲尼撒二世迫害，導致整個猶太民族被驅離原鄉，強制遷徙至巴比倫，有了「巴比倫囚虜」的民族悲劇。

「他人」不聽信先知告誡，事後才知其所言可貴。

讀佛洛姆的人也將面臨類似的決斷吧。

他於其著作《自我的追尋》（*Man for himself*）序文裡提到，「現今大多數的人希望在心理學讀物裡獲得『幸福』或『讓心安穩』的處方，但本書並無此類建議。與其給予讀者安穩心緒的方法，本書的目的更在於向讀者投問」，這在佛洛姆的其他著作也能見到。

當然，佛洛姆雖說沒有處方箋，但他並不是沒有給出任何答案。他甚至還提示了根本上的解決之道。而現代人有無接受佛洛姆建議的「勇氣」，這便是問題所在。

佛洛姆的建議其實很簡單。這樣的簡單是指本質上的、根本上的。他要現代人去面對從根本上改變的生活方式。但就是由於衝擊到本質，才令人難以接受。不過，這實為先知之言。

佛洛姆主張，首先必須相信人類原本就擁有的「人本主義」。一聽到這點，恐怕許多現代人會不禁失笑，認為這提議真是樂天吧。對於多數將「現實主義」視為己務的現代人來說，這樣的提議就只是夢想而已。

然而，根據佛洛姆的思想，這種「現實主義」本身不過就是自身「弱點」的偽裝與「躲避現實」罷了。沒有看到現實的，並非佛洛姆，而是「這群人」。

對於「人類應該如何生存」此問的回應，佛洛姆勸告眾人應培養存在於人類內心的「理性」與「愛」。但這答案究竟有著什麼意思，應該很難理解吧？透過探究佛洛姆的思想，希望讀者一起來思考這答案的意義。

我初聞佛洛姆，是在高中三年級時。距離現在已過五十年了。佛洛姆是當時的思想家。從閱覽室的管理老師借我讀《逃避自由》後，我就時常接觸佛洛姆的作品。在他離世四十年後再讀，仍令我相當驚訝，處在冷戰、核武導致人類覆滅危機中的佛洛姆，對人類及社會所發出的警訊至今依舊不過時。由於佛洛姆預先看到好久以後的時代，而其「預言」某種程度現下已經應驗，這對於處在此時的我們來說更加真實。在這層面上，佛洛姆堪稱是現在更要認識、閱讀其思想的大家。

關於佛洛姆的著作

佛洛姆的著作多半有翻譯版。現在仍受讀者喜愛的佛洛姆譯本中，雖有討論近代人們難以承受自由之重，而受強勢權威吸引，自發性地依從的機械論（Mechanism）《逃避自由》；闡述愛的問題不在對象、能力，亦非現下多數人所認為的被愛，而是愛的能力《愛的藝術》；探討人類性格裡的破壞性《人心》（*The heart of Man*）等書，但我認為處理實現自己與自己的可能性之規範與價值問題，明確點出佛洛姆所依歸的人本主義倫理意義《自我的追尋》正是其主要著作。佛洛姆之所以探討倫理的問題，不僅因為他是精神分析學家、社會心理學家，更因為他是哲學家。這就是作為思想家的佛洛姆獨到之處。

我於本書引用了許多佛洛姆的著作，但由於譯文較為古老，很多部分沒辦法理解，為此，我採用了自己的翻譯。而在其他著作遇到引用原書的情況，我則會先將原文標題寫在前面，若有日語譯文則會於原標題後標示。

第一章

以陌生人的身分生存

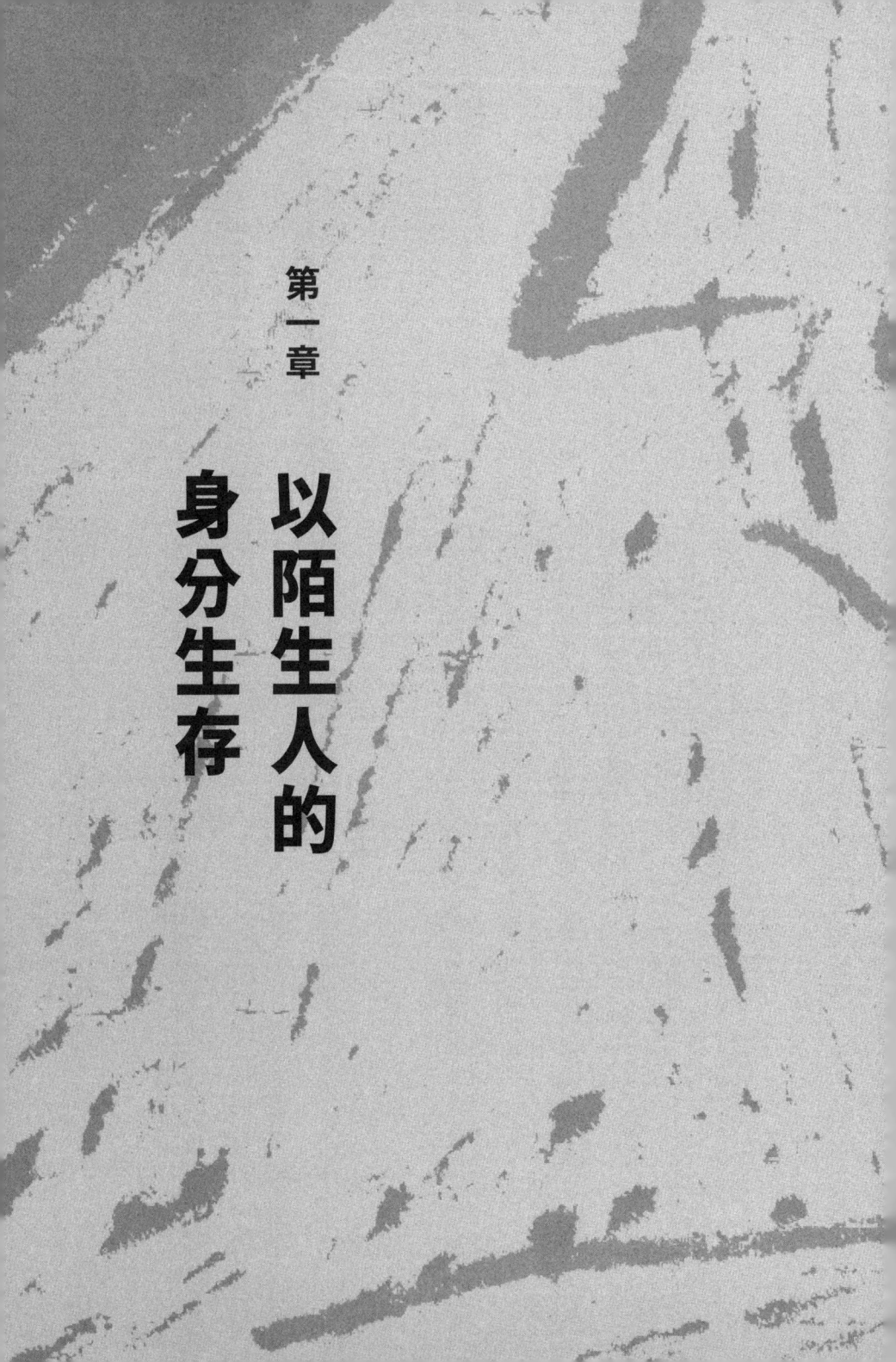

在第一章，我們來看佛洛姆一生的經歷，於正統猶太教家庭成長以及其少年時代經歷過的兩大事件，為他之後的人生帶來了何種影響。不合理的個人經驗與社會現象，佛洛姆於其堪稱充滿知性氣息的自傳《*Beyond the Chains of Illusion*》（譯註1）裡有著詳細闡述。

佛洛姆的生涯

一九〇〇年，埃里希・佛洛姆出生於德國法蘭克福虔誠的猶太教徒家庭裡，他是納福特里・佛洛姆（舊姓克勞善）的獨子。祖先世代皆為拉比（猶太教的神職人員），他的曾祖父與祖父也曾是拉比。雖然在二十六歲時佛洛姆脫離猶太教，但其世界觀卻深受猶太教正統派的影響。

他在法蘭克福大學學習法律，但一年內就轉往海德堡大學學習社會學。大學畢業後，他的注意力從社會學移至心理學。由於之後與他共結連理的芙瑞達．萊赫曼（Frieda Reichmann）介紹，他關注起佛洛伊德的思想。接受來自萊赫曼的教育分析（譯註2），也接受精神分析的訓練，開始參與臨床工作。在一九三〇年結束精神分析訓練後，佛洛姆於柏林開業。

這年，他在馬克思所率領的法蘭克福大學社會研究所，擔任社會心理學部門負責人，參與權威主義及獨裁主義相關跨學科的研究。在

譯註1：無繁中版，簡中版譯名為《在幻想鎖鏈的彼岸》。

譯註2：教育分析指的是臨床心理師、支援人們的職業者以及輔導員等專業人士，在培訓的過程中，進行自我反思，從經驗中學習，並透過接受資深臨床專業人士的輔導和精神分析，以提升其臨床技能，使其能夠進行更深入的臨床工作。

此研究所裡活躍的思想家們被稱為「法蘭克福學派」。

當納粹取得政權，由於所內人員幾乎都是猶太人，他們將研究所據點遷至德國之外，佛洛姆最初前往瑞士，而後逃往美國，因此離開了研究所。之後，他嘗試結合馬克思主義與佛洛伊德理論，作為新佛洛伊德派的社會心理學者展開活動，並影響或參與了許多精神分析與社會心理學研究所的設立。

一九四一年，《逃避自由》出版，此書堪稱研究法西斯主義的經典之作，令佛洛姆一夕成名。而一九五〇年起，他的生活據點從美國移至墨西哥，雖發表了許多著作，但其中《愛的藝術》受到廣大讀者支持。

一九七四年，他又從墨西哥搬到瑞士；在一九八〇年三月十八日，於其八十歲誕辰的五天前因心臟病發作撒手人寰。

以「陌生人」的身分生存

其父納福特里溺愛佛洛姆，性格神經質、強人所難而且好操心，心情起伏不定。納福特里沒有當上拉比，而是經營販售水果酒的店鋪。佛洛姆幼時便學習塔木德（猶太教經典），想要成為塔木德學者，但這並沒有受到他父親的應允。

佛洛姆與母親羅莎之間的關係雖不似他與父親那般惡劣，但也相當糾結。羅莎的個性抑鬱、自戀。佛洛姆很難逃離母親那樣凡事都承攬到自己身上的自戀本質，也認為自己必須保護經常哭泣的母親以避免她受到父親的責難。

佛洛姆在這樣過分焦慮的雙親羽翼下成長，這並沒有帶給他積極的良好影響。為此，他不得不花時間從這樣的「損害」修復自己。在其成長過程中，對於他有正面貢獻的，則是祖先代代為拉比、嚴謹正統猶太教家庭這點。佛洛姆將自己所成長的猶太社會的生活情感與精神，和當時社會風潮區分開來，把前者稱作前公民社會的、前資本主義的、中世的世界。這一古老的傳統，對佛洛姆而言，比起他實際上所處的世界，也就是二十世紀的世界，更加真實。

而且，作為猶太人傳統體現者，給予佛洛姆強烈影響的，是以「符茲堡（Würzburg）拉比」為人所知，是律法學者也是猶太人經典塔木德研究家的曾祖父采里曼・巴爾・鮑姆伯格（Seligmann Bär Bamberger）。

其曾祖父曾開小店維生，賺得不多。某日，有份在一月僅要出去三天就能多賺到一些錢的工作找上門來，妻子勸他要不要試著接受看看。他卻回答道：「你要我在一月裡浪費掉三天的學習時間嗎？」

此外，他即使在店裡工作也會鑽研塔木德。某天客人上門了，他卻感到不快，甚至說：「是沒有別家店了嗎？」

這讓佛洛姆不禁認為，曾祖父的趣事所傳達的世界才是踏實扎根的真正現實。

就佛洛姆看來，猶太世界裡，靈魂救贖才是最為重要的課題，這是在真實意義上的宗教性世界。不過，近代世界卻追求賺取金錢。佛洛姆自幼就感受到，當人們為賺取金錢而活，便會失去人生並且放棄靈魂的救贖。他的父親本想當拉比卻沒有當成，卻為了養家餬口而經商，這對佛洛姆來說，就是逃避「真正的生存方式」。

「在目標是盡可能賺更多錢的世界裡，我總有些感到自己是個陌生人。我的一半承載著古代猶太的真正傳統，但另外的一半卻活在近代世界。」（Die Kranken sind die Gesündesten. Interview mit Jürgen Lodemann und Micaela Lämmle.〔病人最健康：與 Jürgen Lodemann 和

Micaela Lämmle 的訪談〕）

像這樣，在他成為對近代資本主義尖銳的批判者的背景中，其深刻且原本的宗教情感所帶來的影響力是相當大的。

為什麼會發生這樣的事？

佛洛姆因成長於神經質的家庭，意識到人類的行為不合理性，轉而投入心理學研究。父母的確會給小孩帶來很大的影響。而焦慮的雙親也未必就能讓佛洛姆意識到人類行為的不合理。所以，為何他會對人類行為的不合理抱有高度的關心呢？佛洛姆舉出了以下兩件事。

在他大約十二歲時，有位年輕的女性畫家與他們家的關係很好。那名女子年約二十五，美麗富有魅力。她曾經有過婚約，但不久便解除了，便和已是鰥夫的父親在一起生活。根據佛洛姆的記憶，父親年邁又不風趣，看起來更是寒酸。但佛洛姆說，他之所以會這麼想，可能是源於嫉妒所造成的偏見。因為他也曾被那名女子深深吸引。

某日，佛洛姆接到一個令他備受打擊的消息——那名女子當父親一走，便留下希望能跟他埋在一起的遺書，隨後自絕而亡。那時的佛洛姆尚未聽過「伊底帕斯情結」一詞，也不知道女兒與父親近親相姦般的固著（譯註3）。

在此前沒有人知道有人會為此自殺，所以「為什麼會發生這種事？

年輕貌美的女性竟然如此深愛父親，相較能夠揮灑畫筆的生之喜悅，她寧可選擇埋葬在父親身旁，到底為什麼會發生這種事？」他對這個想法揮之不去。佛洛姆為了想要知道這行為背後的動機而開始思考，在他之後所邂逅的佛洛伊德理論上，這件事才有了解答。

在佛洛姆的成長過程中，還有另一件大事對其有著決定性的影響。那就是一九一四年，他十四歲時發生的第一次世界大戰。那是佛洛姆的老師們所經歷過的事。拉丁語教師在戰爭前兩年的期間，於課堂上公開宣稱：「想要和平就要做好戰爭的準備。」他是一個主張武裝和平的人，認為要維持和平而不引發戰爭，就得對戰爭有所準備。

然而，戰爭爆發時，那名老師卻感到高興。但一個平時致力於維

譯註3：固著（德語Fixierung）是心理學的概念，最初是由佛洛伊德提出，用於表示不合時宜的性特徵的持續存在。該概念隨後用來表示由童年開始人們的物件關係，即對人或事物的依戀，影響至成年之後。

持和平的人怎會變得如此好鬥？此後，即使是比那名拉丁語教師更加善良且率直的人提出這類觀點，佛洛姆都不相信軍備是為了維持和平。

另外，當時的德國，全境瀰漫著對英國人歇斯底里般的恨意，這也令佛洛姆感到震驚。突然間，英國人被描繪成毫無良心的惡棍，是受到雇傭的卑賤士兵，企圖殺害無辜且容易相信別人的德國英雄。

「在全國的歇斯底里達到巔峰時，我對某件具有決定性的事件印象深刻——英語課的課堂上，我們的作業是背好英國國歌。而這份作業是國家仍處於和平狀態的暑假之前出的。暑假結束後，學生在課堂上半以惡作劇的態度、半出於對英國的憎恨，向老師提出『我們才不要背最討厭的敵國國歌呢！』那時，老師站在學生們面前，並對這番抗議露出諷刺的微笑。我對此仍記憶猶新。老師的語氣相當冷靜，說道：『別開玩笑了，英國可是到現在也沒打過一次敗仗的國家』。」在瘋狂的仇恨中，師長這樣冷靜且實際的表達，是佛洛姆的啟蒙之光。「這句話打破了仇恨和舉國自我吹噓的瘋狂模式，令我思考『為什麼會發生這種事呢？』」（《在幻想鎖鏈的彼岸》）

當叔叔或堂兄弟們等年長者戰死沙場，顯而易見，軍方原本預期的勝利是錯誤的。德國報紙報導，這場戰爭是由於鄰國嫉妒德國繁盛而挑起，或是為了自由而戰。起初無人有異議，但是隨著局勢惡化，開始啟人疑竇，對於政府的信任也開始動搖。對戰爭預算投下反對票的議員增加了，還偷偷傳閱一份以「我要彈劾」為題的傳單，上頭寫道，德國政府並非遭受外部攻擊的無辜受害者，更要與奧匈帝國共同肩負主要的戰爭責任。

即便如此，戰爭仍持續著。明明任誰都說自己不希望戰事發生，但為什麼戰爭還是爆發了呢？兩方陣營明明都說沒有打算侵略他國，只是為了保全自家領土，那為什麼戰爭還是持續呢？為什麼為了幅員不廣的領土和少數領導者的虛榮心，數百萬名的軍人遭到殘殺呢？戰爭是無意義的偶發事件之結果嗎？還是說，遵循其社會性、政治性的發展之結果呢？戰爭引發了佛洛姆更多疑問。

「一九一八年終戰時，我是個質問戰爭為何會發生的年輕人，並且希望理解人類集體行為的不合理性，渴望和平以及國與國之間的理解。而且，我對所有官方的意識形態與宣言深感懷疑，逐漸堅信『我們應當對所有事物抱持懷疑』的想法。」（《在幻想鎖鏈的彼岸》）

佛洛姆試圖解釋難以理解的個人行為，還有戰爭這種社會現象，他自佛洛伊德與馬克思的理論找出了解答。對前者而言，不是去看過去或現在表面上的行為，而是要理解導致了過去行為的力量。這股力量並沒有被人們意識到，或與有意識的思考相互矛盾，但當這股力量改變，行為就有可能改變；而於後者來說，戰爭並非由某人想望就會發生的，而是受到經濟、社會和心理力量的影響，這些力量在過去引動了戰爭，在將來亦可能會持續引發。佛洛姆認為，只要分析這些力量，就能理解過去並預知未來。只要這些力量今後沒有改變，戰爭便會再次發生。佛洛姆就如猶太先知一樣，不希望憾事發生，因此持續發出警告以防預言成真。

佛洛姆受到佛洛伊德與馬克思影響甚鉅。若無此二人，就不會有其思想。他從佛洛伊德得出了支配個人生活的法則，由馬克思導出作為社會存在的人類法則，但他並非直接接受其論點，而是結合了兩者。我將會於後文詳述，他是如何結合甚至超越其二人的理論。

第二章

人本主義倫理學

基礎概念「孤獨」

我們於本章一起來看佛洛姆的思想具體為何。

佛洛姆認為，現代人的根本病因在於「孤獨」。

近代社會為人們所帶來的最大恩典，就是讓人們「自由」。以日本來說，其前近代社會中，「士農工商」的身分固定不變，人類並非完全的自由，而是被強迫承繼上一代的「身分」，還要滿足於這樣的「分際」。但近代卻斬斷了這樣的身分鎖鏈，讓所有人獲得自由。

近代社會中，從經濟層面來看，資本主義體系使人們自由。而資本主義正是近代社會的基石，兩者也如車輪相輔相成，或者說是一體的關係。不過，隨著資本主義高度發展，這樣的矛盾也愈漸顯著。

近代資本主義破壞了前近代傳統的身分社會。而就如前文所述，這不僅有著使所有人自由的正面影響，卻也帶來負面影響，那就是摧毀了人與人之間溫暖真實的連結——「羈絆」。人類變得自由的同時，也成了不得不隻身與世界對峙的孤獨存在。

佛洛姆對現代社會做出的「診斷」，即是作為生物存在的人們天生就渴望「連結」。但在現代社會裡並無「連結」。那些無法忍受孤獨的人們儘管隱約注意到事物的虛假，但只要他們能因此受到拯救免於孤獨，就不禁會去追求這些虛假好令自己能夠依賴之。德國人民聽從獨裁者的虛偽言論，身為猶太人的佛洛姆因此被迫離開故土，也正是源於現代社會的根本結構——「孤獨」，現代特有的一切問題之源。

所以，為了要澈底消除這份「孤獨」，也就是說，為了要帶給現代「羈絆」，佛洛姆尤其重視「愛」。依他所言，「愛」就是「人本主義」最卓越的發展形態。

因此在本章，首要依據其著作《自我的追尋》，來探討佛洛姆所說的「人本主義」究竟是什麼樣的思想。

人類學的人本主義

所謂「人本主義」，無法單純以「充滿人性的愛」也就是「人道的」一類含糊詞彙說明。這詞原本指的是，十五及十六世紀以義大利佛羅倫斯為首，於各城市興起的文藝復興運動，其對於希臘、希伯來、拉丁語的古典教育與語言上的回歸，這是個帶有特定歷史語境（context）的學術用語。佛洛姆基本上以這詞的意義作為基礎，以「綜合人類學」的意思來使用。

佛洛姆的人本主義主要原則如下：一、人類是一體的，即為人性具有普遍性，我們每個人都擁有人性。二、強調人的尊嚴。三、強調人類發展並完整自己的能力，甚至也強調理性、客觀與和平。

所謂人類為一體，就是不管是誰都擁有相同人性（humanity），一個人即代表了所有人類（humanity）。「我們每個人都擁有人性」的信念，便是基於佛洛姆所引用的羅馬喜劇作家泰倫提烏斯說的「但凡與人類相關事物，無一不和自己有所牽繫」。

引用佛洛姆的話，「每個人都代表著一切人類」，這就是「人本主義」。所以，「人性之事無一不和自己有所牽繫。」（《在幻想鎖鏈的彼岸》）

而在舊約聖經上也提到了這樣的人本主義，當愛鄰人、陌生人，也就是要愛沒有血緣關係毫不親近之人。作為例證，佛洛姆引用了《利未記》：「要愛自己的鄰人，像愛自己一樣。」以及《出埃及記》「不可虐待或欺壓外僑；要記得你們曾經在埃及寄居過。」

佛洛姆將這裡的外僑換句話說成「陌生人」（strangers, die

Fremde）。而能否理解「陌生人」的概念，則憑藉能夠經歷多少「陌生人」的經驗。佛洛姆認為，我們共同擁有人性的基礎經驗。因此，人類基本上能夠理解彼此。

接下來，佛洛姆的話將清楚說明，其所抱持的人本主義之內涵。

「雖然我們為一體，但每個人仍是獨一無二的個體，且自成一個宇宙。（中略）凡拯救一個生命的人相同於拯救了全世界；而摧毀了一個生命的人等同於摧毀了全世界。」（《愛的藝術》）

佛洛姆所處的時代，人類面臨的威脅與日俱增。而他提出的人本主義，便是與此抗衡的思想。現今因核戰或輻射意外等事件更加迫及到人類存亡，佛洛姆提倡「凡拯救一個生命的人相同於拯救了全世界；

而摧毀了一個生命的人等同於摧毀了全世界」的人本主義思想，肯定更顯其重。

生存的技術

那麼，在我們每天的日常裡可以如何落實佛洛姆所說的「人本主義」呢？依佛洛姆的話來說，這關鍵就在於「技術」，但這並不是單純運用小聰明的「技術」。佛洛姆認為，「生存」這件事本身就需要技術。

就像其代表作之一《愛的藝術》英文原書名為「*The Art of*

Loving」，但這裡的 art 並非指稱藝術，而是「技術」一詞。「愛」往往關乎「真心誠意」，與「技術」之類毫無干係，然而他卻將技術這詞使用在愛的概念上，或許有人甚至會對此產生厭惡。但在其重要著作、在這主題裡，從他採用「技術」一詞來看，便可知道，這概念與普世想法略有不同，可見在其自身的思想體系中，他有多麼看重這個「技術」的概念。

而且，依照佛洛姆的觀點，這個「生存技術」才是人類該要落實、尤為困難且複雜的「技術」。

再者，這不是實現某種事物的方式，而是一門成就生存本身的技術。於「生存技術」裡，人們是技術人員，同時也是這個技術會運用到的對象。換言之，要運用到生存技術的對象，便是自己的人生。人們將依這項技術塑造自己的人生。

我們會認為，任何人都得學習像是閱讀或書寫等其他技術，卻因為每個人都正呼吸著，所以不會感到自己需要習得何種技術來讓自己生存。但其實，不幸的人、無法感受生之喜悅者，就是因為沒有掌握生存技術而不幸。

「生存技術」一詞從上述所提到的人本主義的概念產生。佛洛姆認為，決定「善惡」的標準在於人類本身，而並不是在於超越人類猶如神祇般的權威。所謂「生存技術」，是基於這種「人本主義人類學」的一種應用科學。

採用「應用科學」，這個相對於「純科學」的概念，若用一句話來說，便是「實踐的理論」。這常與某件事物是否應該進行有關。而這「應該」必須基於事實與原則的科學知識來決定。所以，佛洛姆將「生存技術」稱為「應用科學」。

那麼，一個人的人生是否美好，首先關乎他對於「人的學問」有多少了解。但是光這樣還不夠。理論須由實踐準則來證實。因此，要先從自己的內面確實奠定出何為「美好」的客觀標準，即為「公理」。

比方說，醫學是一門以治療疾病、延長壽命為前提所建立的「技術」。倘若否定了此前提，那麼所有的醫學規則就變得毫無意義。因此，所有應用科學皆基於「行為目的是『可取的』」公理之上。

此處的「可取」在佛洛姆看來相當於「善」（good）。相反地，「惡」（bad）則是「不可取」。換言之，依照佛洛姆的觀點，「有益」、「無益」的概念構成了「善惡」的基礎。

既然「善」就是如此，那麼人們絕不會選擇「惡」。因為人們不會選擇對自己無益的事、不可取的事。縱然惡人選擇「惡」，也是由於他認為那是「有益的」。也就是說，即使是壞人，到底也還是選擇他所認為的「善」。這麼一來，選擇「惡」不過就是單純對「善惡」的判斷錯誤，將對自己無益的事物錯認為「善」，導致最終選擇了「惡」。

然而，切記，佛洛姆的「人本主義」倫理，以及其他技術所基於的公理，有著根本上的差異。即使我們能夠想像該文化的成員不渴望繪畫或橋梁等事物，卻無法想像一個不渴望生存的文化。對於人本主義倫理而言，生存本身就是公理。

既然對於生存的驅動存在於所有有機體中，那麼選擇生或死僅屬表面問題，實際上除了肯定生存之外，別無選擇。我們只能選擇的是，「美好的生活」或「糟糕的生活」罷了。確切來說，沒有人會選擇「糟糕的生活」，沒有人希望自己「不幸」。那些看似如此的人們不過是選錯了獲得幸福的方法，沒能掌握「生存技術」而已。

第三章

權威的本質

「歷史的二分律」

在前一章，我們認識了「生存技術」，而在本章則要來看佛洛姆如何將此理論化、概念化。於本章也會提及《自我的追尋》，而關於權威（尤其是看不見的匿名權威）的部分亦透過《健全的社會》（*The Sane Society*）來探討。

不管是在多麼優渥的環境下成長，也無法全數避免人生路上遭遇的困難。佛洛姆將不可避免的困難區分成「生存的二分律」與「歷史的二分律」兩種。

所謂「生存的二分律」，就是人們在生存時一定要面對的困難，簡明扼要地說，就是以「人必定會死亡」為前提的觀念。換言之，這裡說的「二分律」（dichotomy）有人們在生與死的矛盾中生存的意義。人們想透過本身的努力來改變是不可能的，所以稱為「生死的二分律」。

另一方面，在個人生活或社會生活裡有許多問題。而這基本上是人們自己創造出來的困難，與「生死的二分律」有著根本上就相異的性質。

像是因科學技術進步，過去屬難治之症的疾病已可治癒那般，將以往的不可能變為可能，人們的生活方式有了相當大的轉變。但這樣的技術並不是只為了用在帶給人類和平與幸福一途。能夠讓人類轉瞬毀滅的核武也同樣是科學技術的產物。儘管人們擁有眾多技術性的方式以實現物質豐富，卻無法只將此運用於和平與幸福上，現代人就是生存在這樣的矛盾中。對比於「生死的二分律」，佛洛姆將這種現代矛盾稱為「歷史的二分律」。

與「生死的二分律」不同，「歷史的二分律」花上時間就能解決。為解決困難而努力不懈才是讓人類進步的原動力。然而，佛洛姆說，由於欠缺勇氣與知識，才會對所面臨的困難無所作為。

有些人刻意混淆「生死的二分律」和「歷史的二分律」，嘗試證明儘管有解決方法，也仍舊無法解決問題。而即使發生多麼不合理的事，只要一旦發生了，這類人也會認為，那本就應該發生。

這種想法就是將所發生的事當作「命運」的悲劇來接納，因此他們不會努力去解決問題。這種人在面對權威的強制時尤為明顯。佛洛姆認為，雖然在某個層面上被動不只是人類精神的特性，但在另一方面，當受到強大權威的強制灌輸某種思想時，接受它作為真理亦為人類的特性。

以下，我們首先考察在人類的「歷史二分律」的問題。那時佛洛姆所重視的觀念就是「權威」，以及對於「權威」人們的反應類型。

兩種權威——「合理的權威」與「不合理的權威」

佛洛姆將權威定義成普遍被信任，並非單純的獨裁且不合理者。而且，他將此區分為兩種，「合理的權威」與「不合理的權威」。

所謂「合理的權威」，是來自客觀能力的權威。譬如，專家皆受到眾人尊敬那樣的能力，是基於合理的依據所產生的權威，這樣的權威沒必要強行要求他人同意或讚賞。如老師對於學生而言，其所擁有的權威是合理的，諸如此類，這樣的權威是以「理性」之名行使。理性是普遍的，遵從於理性絕非「服從」。這樣的情況下，縱然被老師指出錯誤，學生也能理解。

佛洛姆稱具有合理權威的人在經過自身理性的判斷後接受判斷是「自主服從」，與不自行判斷，直接接受他人意志或判斷的「他動服從」有所區別。自主服從並非屈服，而是運用理性由自己確認並判斷。合理的權威並不只是允許不斷斟酌並批判，甚至也會要求批判。害怕受到批判，禁止學生批判的老師之權威並非真正的權威，也就是不合理的權威。

另一方面，「不合理的權威」的源頭便是「支配人們的力量」。這樣的權威一方面需要支配人的力量，另一方面需要遵從這類權威的人們的不安感。不同於合理的權威，此情況不允許批判。

沒有自覺正在服從的人更有問題。這類人相信自己不過就只是單純遵從合理且實際的事。佛洛姆以屠殺猶太人的納粹領導者希特勒為例，稱希特勒這種人為「組織人」（organization man），「組織人」的象徵就是疏遠人本的官僚，其不分男女或兒童，就只單純地把人們視作數字編號。倘若沒有意識到自己正在服從的事實，就無法反抗。佛洛姆所說的「組織人」，就是澈底遺忘自己正在服從而被排斥的典型。

匿名「權威」

佛洛姆指出，在二十世紀中葉，權威改變了其性格。權威從清楚具體的存在，轉變為匿名且看不見的存在。任誰都已不發號施令了。即便如此，人們還是遵從看不見的權威。因為不是具體的存在，所以沒有感覺到自己被迫遵從。因此，人們自發性地遵從，也就是誤以為自己遵從「合理的權威」。

然而，如果沒有自己思考就遵從，儘管所遵從的對象擁有的是「合理的權威」，也會變成是對「不合理的權威」服從。當我們沒有學會自己思考的能力，便無法拒絕權威，也會沒有不服從的勇氣。佛洛姆將這種人們相信自己是自發地服從於「合理的權威」，實際上卻是服從「不合理的權威」的現象，稱為「那個」。「那個」的英語原文是「It」，但德語的翻譯是「das Man」，以詞彙來講更為貼切。「人們執行、思考、感受」的時候，「人」（man）並非是特定的人，而是等同於「社會」。

「不合理的權威」確切存在的時代，也曾出現過對此的鬥爭或反抗。而且在這樣的糾纏或鬥爭中，發展了個性，特別是自我意識。因為懷疑、抗議、反抗，就是讓自己去體驗「我」的存在。但由於人們沒能實際感受到匿名權威的支配，所以也無法抱持反抗的意識。這樣一來，「我」喪失了自我意識，輕易地成為「那個」一部分的「人」了。

這種匿名權威的運作機制就是「同調」——我做的事必須跟大家一樣。要是跟別人不同，或多做了一些都不行，也不能問自己是對還是錯，唯一該要問的就只是，我有沒有符合這個社會，有沒有跟其他人不一樣。屈服於同調的壓力，我失去了個性，「我」不是我。

將人們從這樣的現代人危機拯救出來的，就是「理性」（reason）。佛洛姆所認為的「理性」，並不是單純追求合理性這樣冷淡的思考。所謂「理性」是「思考」與「看透」，佛洛姆將之視為人們最重要的行為基礎。關於理性，佛洛姆提到：「理性需要關聯性和自我感知。如果我僅僅是印象、思考和意見的被動接收者，儘管可以進行比較和操控，但仍無法看透。」（《健全的社會》）

這裡所說的「看透」（penetrate, durchschauen），指的是「尋找表面背後的事物，試圖認識我們周圍現實的核心和本質」。

接著，佛洛姆說，只有我作為我的時候才能夠使用理性。

「從笛卡爾說當我作為個體存在，我才能思考這點來推論，他所表述的『我懷疑故我思，我思故我在』，倒過來也仍是真理，我作為我，就算只是在『那個』之中，只有在『我』尚未失去自己的個性時，我能夠思考，也就是說，我能夠行使我的理性。」（同前書）

雖是翻譯為「我就算只是在『那個』之中，在『我』尚未失去自己的個性時」，但我們可從此處的「那個」德語翻譯是 das Man（人）得知，在任誰都不是的「人」之中，只有在沒有失去個性時，我才能思考並使用理性。

佛洛姆說，人們因為受了不要擁有「我」的教育，就算能過著快樂的日子，但在根本上仍是不幸的。

兩種倫理——「權威主義倫理」與「人本主義倫理」

佛洛姆認為，對應於「不合理的權威」與「合理的權威」，在倫理層面也有「權威主義的倫理」與「人本主義的倫理」兩種。

首先，「權威主義的倫理」否定了人們自身知曉「善」與「惡」的能力。評定善惡準則的，是超越了個人的權威。而支撐這個系統的不是理性與知識，是出於畏懼權威以及遵從這份權威的人的懦弱、依賴感。「權威主義的倫理」是在何謂善惡的叩問裡，以一味的權威利益觀點做出的回答。比起個人，代表該權威者的全體利益才是首要。

遵從這種權威或許會獲得利益，像是包庇權威者，假使因此暫時沒有良好的評價，最後仍被權威者提拔而升遷，其對名譽的欲望得到滿足，經濟層面也收到應有的報酬。佛洛姆說，即使如此這種關係也是一種壓榨。當發生問題，責任就轉嫁到遵從權威的人身上，他們就會被切割。

這種「權威主義倫理」的特質，在孩子幼稚的判斷上，或一般大人沒有反省的價值判斷上都能見到。這種情況下，「善」的依據不在自身內心，而在外部世界。換言之，若與「善」同行就會受到誇獎，另一方面，所謂「惡」則是引起社會權威或多數「人」反感、遭受懲罰的行為。因此，害怕不被他人認可，是否受到認可幾乎成了倫理判斷的唯一動機。

為什麼人們會漸漸認為服從即有德，而不服從則無德呢？這是因為少數人支配多數人使然。

亞當與夏娃吃了知善惡樹的果實，變得能夠區分善惡，這行為本身並無不對。然而，神卻將人變得跟神一樣能夠自己分辨善惡這點，看作是不服從的行為。這樣的不服從成了原罪，神讓亞當與夏娃的子孫墮落。佛洛姆認為，教會透過教導人們只有神的特殊恩典才能拯救人類免於墮落，這種教導支持了統治者的權威。

「在權威主義倫理很難赦免的罪，就是不服從。換句話說，懷疑

權威制定規範的權利，以及對權威制定的規範提出質疑，對順從者來說是最不利的。」（《自我的追尋》）

「權威主義倫理」最大的問題在於，不以理性思考。為了要使用理性，「我」的存在是必要的。然而，服從權威時，人們並不會使用理性。因為不思考就沒必要扛下決定的責任，也就是如此，「人」就故意不以理性思考。

另一方面，「人本主義倫理」中，道德與罪惡的判斷基準則在於人們本身，而不是超越了人類的權威。而且，更是基於「善」對人有益，「惡」則對人有害的原理。佛洛姆將之換了個說法，「倫理價值的唯一基準就是人們的幸福」。

根據這樣的「人本主義倫理」，若能讓人幸福即為「善行」，無法讓人幸福的就是「惡行」。也就是說，所謂「善惡」並非某權威為了自身利益而制定的，該基準是在每個人的身上。

基於理性與良知的價值判斷

佛洛姆提到，倫理不可與理性分割。

「倫理行動基於理性，即價值判斷的能力。換言之，理性決定善惡，並基於這些決定來行動。」（《健全的社會》）

人之所以能判斷價值是由於理性。人們能夠判斷什麼是良善且幸福，但不是時常能夠做出正確判斷，也有誤判的時候。

不過，當個人變成自動機械，已經成了伺候龐大的「那個」的現今，要怎麼做才能讓倫理成為重要的部分呢？佛洛姆重視的，就是每個人都有的「良心」。

「良心在人的本性裡不會同調。良心是其他所有人就算說『可以』，也一定會說『不可以』。而為了要能說出這聲『不可以』，『不可以』就必須確定建立在正確的判斷上。」（同前書）

當「人們」皆贊成時，依從良心說出「不是這樣的」就會被孤立，倘若害怕這點，人就會不禁與「人們」同步。但當盡力去同步，就無法傾聽自身的良知了。

佛洛姆對於良心有以下說法：「當人們將自己當作物品或商品時，良心不會存在。當作為人去體驗時，良心才會存在。」（同前書）

與「人們」同步，便是捨棄自己。沒有自己想法的人已經不是人，只是隨時都能跟某個人交換的單純人「材」罷了。

佛洛姆將良心又區分為「權威主義的良心」以及「人本主義的良心」兩種。

所謂「權威主義的良心」，在父母、國家、教會或某種文化被視作權威人物之類的外在權威是被內化的「聲音」。內化的問題在於，僅僅是外在權威所設定的規則及其相應的制裁，都會成為自身的一部分。如此一來，人不是去感受自己於外有何責任，而是逐漸感受自己的內面有什麼，也就是說對於自身良心的責任感。

這樣比起單純恐懼外在權威的情況，透過內化的「權威主義的良心」，行為會更有效地受到規範。但如果權威來自外部，應該能逃脫出來吧。然而，我們無法自內化成為自己本身一部分的權威逃脫。佛洛姆說的「超自我」，便是這種內化權威的其中一例。

尤其重要的是，權威主義的命令並非藉由自身的價值判斷成立，而是一味透過某種權威者而成形的。這種規範恰巧是善的話，就算是權威主義的良心也會將行動引導至善的方向。不過，這種良心規範並非是由於其善，只是受到權威者的規範限制罷了。

這樣的情況下，即使權威者所給予的規條是惡，也會被稱為良知。

典型事例就如艾希曼（Otto Adolf Eichmann）這類希特勒的信徒們，儘管做出了泯滅人性的行為，也依舊認為自己只是遵循自身良知。

對「權威主義的良心」而言，「善」就是順從權威，「惡」就是不服從。

「在權威主義的情況中，反抗權威支配是根本上的罪。在此，不服從就是最大宗的罪，順從則是最優秀的德行。」（《自我的追尋》）

而關於「人本主義的良心」，佛洛姆則有以下說明：「人本主義的良心，並不是我們拚命去取悅權威，或小心翼翼不去得罪之的內化聲音。而是在所有人們內部，從外部賞罰體制獨立出來的、我們自身的聲音。」（同前書）

然而，無關乎受到賞罰，光是傾聽良心的聲音就非易事。但為什麼這並不容易呢？

「良知是（如同其語源的 con-scientia 所示）自己內面擁有的知識，於生存技術中關乎成敗的知識。」（同前書）

良知（conscience）的語源是拉丁語的 conscientia，希臘語 syneidesis 的直譯。con 及 syn 是「一起」、「共同」，scientia、eidesis 是「知曉」的意思，因此良知是指「將某物──與某人一起──知曉」。比如說，在自己的內心承認犯下某種不正當行為的情況。像這樣，「和自己共同知曉的事物」漸漸轉化為「良知」。反過來說，犯下不正當的行為卻無自覺有何罪過的人則沒有良知，換言之，這樣的人並無「與自己共同知曉的事物」。

另外，所謂「於生存技術中的成敗」，知曉怎麼做會順利或不順利，在生存技術中便是成功，而不知道的話就是失敗。

「判斷我們作為人是否運作得當的，即為良知。」（同前書）

依自身良知做出正確行動並思考，就能夠於自己的內心認同自己是正確的。但如果不是這樣的行為，例如只是以獎賞為目的的行為，或者避免受到某人責怪為目的的行為等，都是外在因素驅動而做出的，就只會創造出不安感與不悅。良知是將我們喚回自己本身的「真實自我之聲」，對於自身所呼籲的「這樣對嗎？」能夠回應出「對」的能力。若無此能力，就算是自己做過的事，也說不上真的是自己做的。

佛洛姆認為，「人本良心的目標是生產性，因此才會幸福。」（同前書），這層意義上，當我們面對自身良知詢問「這樣對嗎？」能夠肯定回答「對」，才是真正有生產性，也才是真正的「幸福」。

為什麼我們無法對「權威」說不

那麼，為什麼不服從權威是件難事呢？

不服從權威，任何事都由自己決定會產生兩個問題：一個是不服從權威便會孤獨。察覺到自己與他人隔離，飽受無力感或不安的折磨，於是放棄自由而服從權威。因為只要服從，就會感到安全與受到保護。

為了不要讓自己孤獨，就不能自行做出決定。在這種情況下，服從的權威是什麼並不成問題。因為只要服從權威，成為權威的一部分，就會感到自己變得強大了。

另外，自己決定的話可能會產生錯誤，但權威幫自己決定就可以很「放心」。再者，背叛權威就會孤獨，但在權威身邊就會感到「安心」。況且，將決定權託付於權威，就算之後這個決定成了問題，自己也不會有責任。當然是有將決定權託付給權威的責任，但即使如此，也不想覺得那是自己的決定。

佛洛姆說，艾希曼象徵我們所有人，我們可以看到自己與艾希曼的相同之處。甚至沒有注意到自己對於權威毫無評判地服從，而這可不是只有艾希曼才會如此。

睜開眼睛，對一切保持懷疑

那麼，我們如何才能不盲從權威呢？佛洛姆使用 disobedience，有人翻譯成「反抗」的意思，但我一向將之故意翻成「不服從」或「不順從」，這是因為這個詞彙並非僅意指「反抗」。

不盲從是有積極意義的，這是肯定理性與意志的行為，而非本質上反對的態度，是追求的態度。這種追求是指，當我們看到了某物時，能夠說「看到了」，但同時也能對沒有看到的事物拒絕說出「看到了」。

要做到這點，不需要變得具有攻擊性或反叛。需要的是，睜開雙眼，澈底覺醒，並且主動承擔責任去喚醒那些半夢半醒而面臨存亡危險的人們。

要讓半夢半醒的人覺醒，恰恰就是在「前言」所述的「先知」。不只舊約聖經裡有先知，任何時代都會出現先知。

佛洛姆以先知之一的蘇格拉底為例。蘇格拉底認為，神把自己當作馬虻般黏附於社會裡，他在申辯演講上向陪審團說道：「為了讓你們覺醒，我會整天不停地對你們一個個或勸告或責備。」（柏拉圖《蘇格拉底的申辯》）

佛洛姆認為，哲學家不會盲從於陳腔濫調或輿論，而是服從理性與人性，因為理性為普世價值，而且超越所有國界。依從理性的哲學家是「世界公民」。哲學家為黑暗帶來光明，並試圖讓半夢半醒的人覺醒。

然而，在被先知喚醒前，本就不該一直沉睡。不能只是旁觀，必須行動起來。

與權威鬥爭，為了不盲從權威，當權威所提出的是基於傳統、迷信、習慣等權力之事，皆要有所質疑。「敢於擁有智慧」、「對一切事物應抱持懷疑」——這原理使我們得以說出「不」字。

佛洛姆說，「敢於」擁有智慧，為此睜開眼睛對一切常規抱持懷疑，需要理性，且需要能夠「正確」運用理性的「技術」。懷疑、批判、不順從的能力——佛洛姆主張，這就是決定人類是否迎向光明未來或讓文明走向終結的關鍵。

傾聽良知

「當人們必須憑藉自身理性來判斷與決定時，就必須孤獨。」（《自我的追尋》）

總是在乎他人臉色而不擁有自己的意見，屈從於某人意見，讓別人做出判斷，就無法做出正確的判斷。藉由理性判斷，即使被眾人反對，為了貫徹自身想法，就得面對孤獨。

另外，為了不服從權威勇於說「不」，就要傾聽並依從內在良知，這是需要某種「決斷」的。

「依從良知來行動的能力，取決於能否超越自己的社會界限，成為一個世界公民的程度。」（同前書）

人們既屬於社會（共同體）也屬於人類。如果個人所屬的社會在本質上有著人性（human），就不會糾結於該要選擇社會還是人類。但事實上多數社會並不人性化，因此產生了苦惱。

超越像公司或國家般個人的狹小社會，泛屬「人類」者就是「世界公民」。擁有這種自覺的人會依循「良知」行事。而且作為世界公民，即使與自己所屬的社會分離，也不會感到孤獨。

也就是說，確切不可失去的是內在的人性。佛洛姆說的「人性」（humanity）有兩個意思，一個是連帶對象的「人類」，另一個則是自己內面「人性」的「理性」、「良知」即為「自己本身」。

倘若能夠實現「從社會條件的自己與人類的疏離感解放出來」（《在幻想鎖鏈的彼岸》），就算在「自己的社會」受到孤立，也絕不會在自己與人類之間被孤立。唯有依循自身內在理性與良知行動，透過意識到與外面的人類連結，才會「成為自己」。

問題通常在於，良知的聲音弱小，有時就算側耳傾聽他人的聲音，也不怎麼會傾聽自己的心聲。這裡提到的「他人聲音」不只如字面所示的聲音，如電影、報紙、廣播、乏味的閒談或近年的社群軟體等都是，這些讓人受到所有外部龐大的意見或想法影響，只會去聽他人的言論，而自己不去思考，就是屈從於匿名權威。

而為了傾聽良知我們該怎麼做才好？佛洛姆給出的答案是，必須要能獨處。

「之所以傾聽自己是困難的，是因為『傾聽良知』的技術需要一種現代人幾乎沒有的能力，也就是獨處。」（同前書）

人害怕自己被所屬的狹小集團於內部孤立。但人不只是這種共同體的一員，也是全人類的一員。就算在自己所屬的共同體中遭到孤立，作為人類並不是孤立而存在的——當我們能夠感受到與人類之間的真實「連結」，就不會一味糾結於自己屬於社會還是人類了。

第四章

逃避自由

另一種孤獨

人類存在著無法迴避的根本性問題，那就是，人最後都必須面對死亡。這件事就算平常會遺忘，但有時會突然浮上心頭。而我們該如何面對這種生存問題才好？在本章，以《自我的追尋》來看佛洛姆的想法。

變得孤獨，不是只有對權威說「不」的時候。關於人生的意義以及該如何活出人生，「人」所抱持的想法、價值觀會因為相異而有時感到孤獨。

作為「組織人」，不被允許提出不同意見，不是嗎？想到這點，很多人就會閉上嘴了。因為「人」一旦質疑了從不感到懷疑的常識，很可能就會在職場受到孤立。

佛洛姆將以下思考稱作「禁忌」，他這麼說：「當意識到『與他人』不同、『從他人』隔離的這項禁忌，就代表著自己遭到放逐。」（《在幻想鎖鏈的彼岸》）

值得注意的是，佛洛姆將孤獨定義為與他人不同。

多數人害怕與他人不同，因此被他人切割而導致自己變得孤獨，所以便會與集團的「就這麼做」同步，並且認為「該這麼做」，而不是以理性來判斷。「人」將「就這麼做」當作真實來接受。人談論惡，只是在談論敵人，並且會過於敏感地注重於敵國國民的不道德、殘忍、不人道、欺詐等問題。

佛洛姆說，大部分的德國人聲稱他們對於希特勒在二戰中殘殺猶太人、俄羅斯人、波蘭人、共產主義者一概不知，並不是在撒謊，而是在闡述事實。但這看似不可思議，他們應該是知情的吧？可是幾乎所有人都說「他們真的不知情」。

這是「社會無意識」或「集體的無意識」的一例。人們不是明知道而裝作不知道，而是壓抑著不讓自己意識到即便是本國人也可能有缺陷。佛洛姆認為，也就是如此，希特勒才得以進行不道德的行為。

明明應該追求自由，當知曉自由伴隨著責任時，人便不禁放下自由。後文再述放下自由的受虐主義者，佛洛姆說：「對受虐傾向者來說，無論他的主宰者是外界的某項權威，或他已將權威內化為良知或心靈上的壓力，他都可以不必再做決定。也就是說，他們從對自身命運所背負的最後責任，以及不管做什麼的決定都要保持懷疑這件事上獲得了解脫。另外，他們也從人生的意義是什麼、『我』是誰的懷疑裡解放出來。這些問題的答案取決自人與其所連結的力量之間的關係。人生的意義與自我的同一性，是由自我屈服於更大的全體而決定的。」（《逃避自由》）

如果不是自己決定的，當人生發展不如己願，不要負責即可。另一方面，若是自己決定，就必須負起責任。尤其，本來就不存在自己之外的人應該要對自己的人生負責這種事。然而，不少人拒絕肩負「自身命運的最終責任」。照佛洛姆的說法，這種人是從「自由的重擔」逃離的人。

對於自己的命運承擔最終的責任，就是必須自己決定自己的生活方式，這是自己的責任。無論是外在或內在，當擺脫了權威而變得自由，就要做出決定，回答人生的意義、我是誰這種問題。

「生死的二分律」

而其實，很多人並不願意思考人生意義與應該如何活出自己的人生。然而，這些問題只要我們還活著就無法規避。因為這是源自人類存在的根本問題，誠如前面所見，對比於「歷史的二分律」，佛洛姆稱之為「生死的二分律」。

佛洛姆說，人與動物對於環境世界適應的方式並不同。動物不會去改變環境，而是改變自己去適應環境，並與世界協調以生存下來。這並不是動物不和大自然鬥爭。而是動物天生不具備讓自己成為世界裡不變的一部分的能力，只有適應或滅絕的選項。

相比之下，人類對於環境世界的本能調控力薄弱，本能的作用變得不固定，大腦因此發展了學習能力。演化過程中，人類出現在本能適應能力最小的時期。

在這過程裡，人具有與動物迥異的嶄新特質，意識到自己是與他人隔離的存在，能夠記住過去且構想未來。甚至透過象徵來表達與行動，以理性了解世界，令想像力發揮，逐漸變得能夠超越自己的感覺。人類在所有動物中是最為無力的，但也正是這般生物的弱點實際上構成了人類的強大，也是發展人類性質的首要原因。在這層意思上，人雖是大自然的一部分，卻也是超越大自然的存在。

不過，人沒有辦法自行決定在哪裡於何時降生，只是偶然被丟到這個世界，也偶然地從這世界被強行拽離。而且，人明白這點，也意識到自己無能為力，無法從自身存在的二分律逃離。雖是大自然的一部分，同時又超越大自然，卻被與其他所有生物也共有的限制束縛。

佛洛姆將這樣的二分律換句話說成矛盾或對立。即使渴望，也無法逃離心志。只要活著，我們就無法逃離自己的身體。而且，身體會迫切渴望生存。人必須在這種沒有休止、無法避免的不平衡與分裂中，靠自己活出自己的人生，而不是單純重複物種特有的行為模式。

佛洛姆將人類根植於本性的分裂稱為前述所說的「生死的二分律」。而創造出「生死的二分律」的也是理性。擁有理性的人被驅逐出樂園，成了「永恆的流浪者」。

最根本的二分律就是生死二分律，我們沒辦法改變死亡這項事實，明白這點，會對我們人生有很大的影響。

「關於死亡的一切知識都不會改變一個事實，那就是死亡並非生存意義的某部分，而我們只能接受死亡，所以從生存的觀點來看，這

就是打敗仗。」（《自我的追尋》）

「死亡就是打敗仗」聽起來是種很強烈的說法。人嘗試憑藉意識形態的幫助否定二分律。基督教透過靈魂不朽，試圖否定人生因死亡而結束的悲劇性事實，便是其中一例。

由於人類注定會死去，因此另一個二分律產生了，那就是「能夠實現」與「將會實現」的區別。

就算生活在多麼幸運的環境中，人生都極為短暫，我們無法完全實踐自己的可能性。因此，導入意識形態，試圖與這個矛盾調和，或逃離這樣的矛盾，認為人生在死後才會圓滿，或認為當前時代是人類最終且最棒的完成狀態，都是此意識形態的一種。又或者，認為人生意義在於奉獻於社會或社會義務裡，相較於能夠超越個體的國家、共同體等象徵永恆力量而言，個人發展、自由、幸福顯得微不足道。因此，認為個人應當臣服於超越個體的更大福利，也是種意識形態。

解決存在的問題

來自「生死二分律」的不安感，是將自己託付給意識形態，投入至工作或娛樂及「閒聊」上，或許能暫時得到撫慰，卻無法徹底消除不安。為了要解決問題，只有一個方法。

「那就是面對真實，在對自身命運漠不關心的宇宙中，承認自己基本上就是孤獨的，承認自己無法超越自己，並為自己解決問題的能力。光是透過對自己負責與利用自身的力量，就能意識到自己能賦予自己人生意義。」（《自我的追尋》）

從承認自己是孤獨的開始。在此，值得注意的是，佛洛姆指出人類在「對自身命運漠不關心的宇宙」之中是孤獨的這句話。而宇宙本就對人的生死無動於衷。

「人類是獨一無二的存在，每個人都不同，知道自己是與他人分離的存在，所以是孤獨的。」（同前書）

佛洛姆舉了個例子，他認為亞當與夏娃被驅離伊甸園的故事是對權威說「不」，被逐出伊甸園這點也意味著，曾與自然融為一體的人類從自然與前人類和諧的枷鎖中釋放。

在伊甸園裡，人與自然融為一體，卻沒有意識到自己是與自然或夥伴「隔離的存在」。由於不服從神而被逐出伊甸園，亞當與夏娃二人脫離了前人類和諧，不是動物，而是以「人」的身分踏出了邁向自立與自由的第一步。他們並非因原罪而墮落，是以此為契機，睜開了雙眼，脫離了與自然舒適的連結，成了「個」人。另一方面，這的確是「自立」，獲得了自我意識的同時被世界排斥。他們知道彼此都是陌生人。而且，對他們而言，世界充滿淡漠甚至是敵對的。

再者，一旦擁有自我意識，就會開始意識到死亡。

「對於人類來說，只要還是人類，也就是超越自然並意識到自

己本身和死亡的存在，完全獨自一人且與他人分離的狀態是接近瘋狂的。」（《在幻想鎖鏈的彼岸》）

所謂「超越自然」，有著以下意義：人類具備其他動物沒有的精神特質，知道自己本身、知道自己的過去或未來，也就是說人類對死亡有自覺。明白自己的渺小、無能為力。在自然之中，人類相較於動物是不完整的，但說到跟其他動物有何不同，那就是能夠超越自然這點。人類雖被自然囚禁，但在自身的思考上卻是自由的。

因為像這樣擁有自我認識，人類在世上是孤獨的「陌生人」。人獨自來到這世上，又必須獨自離開這個世界。明明不是自己所願，一回神卻已經降生於世；也必定會面臨死亡，卻無法決定自己要在什麼時候與在哪裡死去。

也是短命且違反自己的意識死去，或比深愛之人更早一步離世，又或深愛的人比自己更早走。而且，也會意識到自己於自然或社會的力量之前無能為力。

「這些事使人類被切割，分離的存在變成難以忍受的牢籠。」（《愛的藝術》）

佛洛姆說，如果沒有從這樣的牢籠釋放自己，而用某種方式與人們、外界連結，人就會發瘋。感受到孤獨的人，無法忍受與世界分離的不安感，希望克服孤獨，就會忍不住尋求與他人的關係且合一。但問題是，這樣的需求如何實現？

與宗教的、非宗教的世界的關聯

佛洛姆斬釘截鐵地說，不會有除了自己之外的、超越自己的力量，來代替自己解決自己的問題這種事。人生的意義是由自己所賦予的，並非來自超越自己的力量。

佛洛姆提到，人類本來就具備宗教性的欲求。然而，即使如此，也沒有必要假定超自然力量的存在。如果理解人類的狀況，也就是「生死的二分律」，就能解釋人類擁有的欲求是超越動物起源的欲求。

例如，「人不只需要麵包才能生存」，再怎麼飢餓，如果眼前有需要麵包的人，給出麵包就好。就算飢餓與渴望、性慾得到滿足，人類還是會想要更多。這不是受到本能強迫而做出的行為，而是由於「某種目的」來行動。

佛洛姆採用「宗教」一詞的理由如下：「我們的語言缺乏適用於有神論和無神論體系所有思想的共同語彙，換言之，它不具備對探索意義或對試圖使自己的存在成為有意義的嘗試給出答案的詞彙。」（《自我的追尋》）

試圖回答對於意義的探尋，並非只是與神有關的有神論系統。即使是如佛教，這般在起初形態並無神的觀念的無神論系統或哲學系統也會探求相同的「意義」。

企圖回答「人類為了什麼而活」這類生存問題的人，全都是「宗教性」的人，而且企圖回答、教導、傳達這類問題的一切系統皆稱為「宗教」就好。另一方面，不去傾聽生存問題的人或文化則屬非宗教性。佛洛姆將這樣探求人生意義並給予答案的系統，稱為「方向性與獻身的框架」，透過人類的能量朝向何方或是向何物奉獻，分成各自不同的性格。

朝向能量的地方未必限於如神一般的超自然力量。多數人將能量放在成功或名譽上，也有人瘋狂信仰並投身於把征服與支配作為目標的獨裁系統。漸漸地，追求這種世俗目標比起自我保存的慾望更強烈，這副激烈與瘋狂信仰的模樣看起來便如同宗教。

無論那是什麼、渴望將能量投入某件事物的慾望是強烈的，並且成為行動的動機。沒有比這更強大的能量源，佛洛姆將之稱為「理想」。

「對於理想，人類並無擁有或不擁有的自由，只有選擇何種類型理想的自由。」（同前書）

所有人類都是理想主義者，追求著超越物質滿足的某種東西。

佛洛姆舉出，崇拜權力以及權力所帶來的破壞，或將能量集中在理性與愛的例子。每個人相信的理想都不同。然而，無論是表現為「人類精神的最善」或是「惡魔的展現」，這些皆等同於理想的表現。因此，將懷抱理想或宗教情感本身視為有價值的這種相對主義的思考不僅錯誤，而且危險。所有理想包含展現為世俗意識形態者，全都等同於人類身為人的需求。問題就在於驗證出何為虛實。

第五章

佛洛姆的性格論

結合佛洛伊德與馬克思

本章主要基於《自我的追尋》來看佛洛姆的性格論。第一章提到了佛洛姆嘗試結合佛洛伊德與馬克思的理論，而佛洛姆說的「性格」就是這結合的關鍵。

佛洛姆定義了「性格」，把性格說成是「邁向人類世界的關係形式」。

「個人和世界建立關係的取向構成了性格核心。性格可定義為人們的能量在同化（assimilation）和社會化（socialization）的過程中，被引導的（相對不變的）形式。」（《自我的追尋》）

「同化」與「社會化」

佛洛姆認為，人類有「獲得東西」與「將自己與他人（及自身）連結」這兩種存在方式，與世界有關聯，前者是「同化」的過程，後者則是「社會化」的過程。在「同化」中有三種形式，「接受」、「盡力取得」、「囤積物質、交易物質、生產物質」。另一方面，在「社會化」則有「服從」、「支配」與「破壞、愛」這三種形式。

無論是哪種關係形式，都不是像動物一樣由本能決定。某種能量一旦定向，「與個性匹配」，就會採取某種行動。而性格也負有將人們從重擔釋放的功能，這重擔是當人在行為上表現出某種程度的一貫性，每當做出行動就必須逐一做出決斷。

另外，人可以將人生調整成符合自己性格的模樣。而且，這樣也能讓內在狀況與外在條件有某種程度的相合。

此外，性格涉及思考和價值的選擇。許多人相信他們的思想是與自己的情感和欲望無關的，而是邏輯推論的結果，相信藉由自身的思考判斷可以確認自己的世界觀。但事實上，行為受到性格驅使，同樣地，世界觀一類的想法也是由每個人的性格構成。

人類會愛會恨會競爭會合作，有對等關係、權威的上下關係，或自由或壓抑，皆是基於性格，並構築出一個社會系統。不管是個人或社會，與他人的關係是透過特定形式具體呈現的，這也反映了性格的多樣化。

性格所擁有的意義

關於性格需要注意的是，性格並不只有能將理性行為一貫化的功能，也是讓我們適應社會的基礎。孩子的性格因父母的性格而形塑，孩子依此來長大成人。父母所屬的社會構造則決定了父母的性格與其教育方式。一般家庭是社會「心理上的代理人」。孩子藉由讓自己去適應家庭以得到自己的性格，而這種性格後來則在社會生活上來適應不得不履行的工作。

孩子的性格核心是屬於他們所處的社會及文化中多數人共同擁有的。性格在一定程度上由社會及文化的典型塑造，這表明屬於社會及文化的多數人共同擁有某種特定性格元素。正因如此，我們才能談論「社會性格」。這樣的社會性格，即使在相同文化裡，都必須要與因人而異的個人性格區分開來。佛洛伊德將個人性格視作問題，但這社會性格則是佛洛姆的獨到見解。

另外，佛洛姆認為，這種社會性格是將馬克思說的社會經濟基礎（下層構造、地基）與政治經濟的制度、哲學、藝術、宗教等意識形態的上層構造連結起來的媒介。換言之，下層構造創造出某種社會性格，並塑造理念。另一方面，當創造出理念，便會對社會性格造成影響，間接影響到經濟基礎。馬克思雖然沒有表示下層構造如何轉換成上層構造，但佛洛姆在此問題上以這個形式給了回答。

另外，性格因人而異，是由於父母的人格不同，或養育孩子的精神上或物質上的社會環境不同。在這種情況，每個人的體質就會相異，其中佛洛姆說到氣質相當重要，而這氣質是什麼？他並無明確的解釋。

他甚至說，個人性格的形成，是從個人與文化領域兩方所產生的人生經驗，對氣質與體質造成影響而決定的。相同的環境只有一個，但每個人的體質都不同，所以體驗到的環境或多或少都會不一樣，而逐漸形成那個人固有的性格。

當個人僅僅遵從文化的典範時，其行為的思考習慣並非根植於個人的性格，所以當生活模式發生變化時，這些習慣容易受到影響而改變。但這行為若根植於原本的性格，性格本身就不會有絲毫變化。

以下讓我們來看看佛洛姆的性格論。

非生產性取向（non-productive orientation）與生產性取向（productive orientation）

在這章開頭就提到，「同化」與「社會化」的過程中，每個人的內在能量如何定向的這種形態分為「非生產性取向」與「生產性取向」兩種，而這兩者中又有幾種分類。

不管哪種都是理想類型，並非特定的個人性格。因此，並不是說人只有其中的任一種性格。某個人的性格可能有所有的類型或混合了其中幾種。決定性格的是，「生產性取向」有多少優勢或是哪種「非生產性取向」具有優勢。

「取向」這個詞彙可能會有點違和感，但這詞彙的原文是orientation。這是前述的「個人能量」會「朝向」什麼而來的定義。

佛洛姆認為，只有「生產性取向」會讓人內在存有的理性與愛發揮出來。然而，「不是」生產性的性格取向，也就是「非生產性取向」，比前者還看得出更多「類型」，所以就先從「非生產性取向」看起。

I 非生產性取向

A 在「同化」過程中的非生產性取向

首先來看「獲得物質」、「同化」過程裡的「非生產性取向」的類型。「同化」的分類包括：⑴接受型取向（receptive orientation）；⑵剝削型取向（exploitative orientation）；⑶囤積型取向（hoarding orientation）；⑷市場型取向（marketing orientation）。

(1) 接受型取向

這種性格的人認為，所有利益皆源於外部，不管是物質、愛或知識也好，獲得想要的事物的唯一方式就是從外尋求。對他們來說，愛的問題不在於去愛，而是一直被愛。由於被某人深愛的體驗過於強烈，不管是誰，只要是給予他們愛或看起來跟愛類似的事物的人，他都會飛撲過去。

在思考的領域也是如此。這種性格的人若是知性的，會成為最棒的傾聽者。但即使是這種情況，他們也只是單方面的取得，並不打算擁有自己的想法，他們會尋找自己無須努力，就會給予自己所需資訊的人。

這種性格的人若有信仰，他什麼都不會做，而將所有指望都放在神明身上。因為有了「魔法救援者」的安心感，不只對於宗教，他們會對多數人盡忠，而陷入了各種對立的忠誠和承諾之間的夾縫。這種人很難將拒絕說出口，無論是對何物或對誰他們都會說好，因此批判能力麻木了，漸漸依賴他人。而且他們深信，不管什麼方法，就是要依賴可以支持自己的人。若無他人協助，自己成不了事，他們會覺得只要自己一個人就是被鄙棄了。不管那件事是不是他自己能夠作主並背負責任。

(2) 剝削型取向

這種人也是向外尋求自己想要擁有東西，而自己什麼都不生產。

然而，跟前述的接受型取向不同，他們不是期盼禮物的到來，而是採用力量與策略奪取想要的物質。而且如果可以利用，任誰都是他們剝削的對象。

即使在愛的領域裡，他們也只會對從某人那裡奪取而來的人感到興趣，因為那是別人的對象，所以才感受得到那個人的吸引力；假使對方並不屬於誰，他們就不會與之相戀。

同樣的態度也能從其對思考與知識的探求得見。這種性格的人不打算由自己創造出什麼。明明能具備高度知性，以自身才華產出自己的想法，他們偏要剽竊，或將他人的想法以不同言語呈現，當作是自己的嶄新想法並加以主張。

(3) 囤積型取向

這種性格的人對於只要是從外部世界得到的物質都一律不採信。對他們而言，囤積與節省能夠讓他們安心，消費卻是種可怕的威脅。他們為自己周遭建構防護牆，並盡可能地將東西搬運進防護牆內，不將東西拿出去。

對這種性格的人來說，愛就只是所有物。他們不打算給予愛，只想要擁有愛自己的人並且獲得愛。

囤積型取向的人會對於人們或記憶展現出格外的忠誠。他們會感傷地沉浸在那些曾經燦爛過已逝的情感或經驗裡。他們什麼都知道，但那知識沒有建設性，思考也無創造性。

他們認為，物質、思考、情感都必須在所有秩序裡。當他經歷外部對自己的要塞造成威脅時，就會變得更加頑固。對於侵入會開啟自發性防衛，無論何時都對一切抱持否定態度。

(4) 市場型取向

「根植於將自我視作商品，並擁有交易價值的經驗，這種性格取向，我稱為市場型取向。」（《自我的追尋》）

市場型性格的人是沒有臉的人，也就是那個「人」（das Man），是現代資本主義社會的典型。這種性格者，只對自己是不是「會熱賣」的商品投以關注。當成功了，他就是有價值的；若無，他便會認為自已毫無價值可言。

佛洛姆將這種性格定位於「非生產性取向」裡，因為像這樣的人作為人無法孕育出自己的全能力量，靠他自己什麼都做不出來。

為了要理解這種性格，我們就必須考量到現代資本主義的本質。兩者並非單純相似。主要原因在於，就是現代資本主義社會才會讓此性格者發展出來。

現代資本主義社會中，只有交換價值受到重視。這同樣適用於人類。人類與世界的關係，以及性格取向，都由市場決定。如今，現代人傾向於依據自身的利用價值來判斷自身的價值。

當然，並非每個人都能在市場上受到認可，也就是說，並非每個人都能在市場上成功。而且，即使曾經取得成功，但在一個永無止境的競爭市場裡，因為人們始終需要他人認可，便很難保持堅定的自信。

「市場型取向中，人們面對的，是自己作為被排斥的商品的自身力量。這種力量並沒有與自己合一，而是被隱藏起來。對市場型取向，重要的是，於出售過程中取得成功，而非在使用力量的過程中實現自我。力量和由力量產生的東西都受到排斥，使之變成與自己不同的、由他人判斷和使用的某種東西。因此，對身分的感覺，就同自信一樣搖擺不定。而身分是由能夠扮演的職務——『我是你所期望的人』——的總和來決定。」（同前書）

這分析裡，可看到馬克思的異化論和佛洛伊德的精神分析的優秀結合。

懷疑自己的身分是無法生存的。如果不是透過自己和自身力量，而是嘗試以他人如何看待自己為基礎來建構身分，透過這種方式所形成的自我就只是如洋蔥般的東西——一層層剝開後，什麼都沒剩下。

以上是當初佛洛姆所提出的現代人性格類型。而後來，佛洛姆注意到了另一種性格類型的存在，這種類型比其他性格類型更決定人類的存亡，他將之命名為「戀屍性」（necrophilia）。

(5) 戀屍性取向

所謂「戀屍性」意指「對死亡的愛」。佛洛姆將此與「愛生性（biophilia）」（對生命的愛）做出對比。這種性格的人，不是只有討厭活著的東西，還深受死去的東西的吸引。這類人被屍體、腐敗物、排泄物、汙穢等通常人有所避諱的東西吸引著，他們喜歡談論疾病、埋葬、死亡等議題。

從這種戀屍性原本的意思會聯想到凶惡的殺人犯，可能有人會認為這類人與自己並無關係。但戀屍性取向和其他性格一樣都是一種與世界連結的方式，並無特異。

「戀屍性取向者喜愛所有一成不變且機械僵化的事物，將有機轉換為無機，也將活人全看作『物品』，並受到欲求驅使，僵化地接近生命。他們將所有的生命過程、情感、思考都轉換為物質。比起經驗，他們認為記憶更重要；而比起『存在』，『擁有』更重要。」（《人心》）

這類人執著的焦點不在未來而是過去。引用文的「比起經驗，記憶更重要」，指的是儘管人只能活在當下，但他們仍一味執著於過往。

另外，最後提到「比起『存在』，『擁有』更重要」這句話，是佛洛姆考量到其提出的兩種存在形態而描述的。佛洛姆引用芭蕉的俳句與丁尼生的詩句，有著如下解釋：（《生命的展現》）

「凝神以望　薺菜花開　於垣牆邊」（芭蕉）

「於微微龜裂的　牆上綻放之花　從裂痕裡　將之從根摘起　持於我手」（丁尼生）

丁尼生渴望「擁有」花。而且，將摘下的花拿在手上且熱衷於知性的思索——如果能夠理解你（＝花）為何物，我就會知道神是什麼、人又是什麼吧。但花卻因為詩人這般的關心被奪去了生命。反觀芭蕉卻與丁尼生不同，他沒有打算折花，甚至不打算碰觸，只是看到了薺菜的「存在」。

為什麼會期望「擁有」呢？佛洛姆解釋如下：「戀屍性取向者只有在擁有對象時會關心對象（無論那對象是花或人）。因此，對所有物的威脅便成了他們的威脅。如果他們失去了所有物，就會失去與世界的接觸。因此，會表現出一種矛盾的反應。換句話說，戀屍性取向者可能更願意選擇失去生命，而不是失去所有物，即使這意味著放棄作為所有者存在。」（《人心》）

因此，「要掌控生命，就必須將之轉變為死亡。死亡是生命裡唯一確切的事物。」（同前書）

戀屍性的人認為，當所有物失去性命，那所有者也不復在。企圖擁有他人的人會打算掌控並支配他人，將所有活人都當成「物品」看待。但生命並非物品，無法掌控或完全預測。在生命的領域帶給他人影響的，只有如典範般的生命能量，如同愛與刺激，無法作為物品或商品、數字來處理。生命是個體的展現——一個人、一隻鳥、一朵花——只有作為這樣的存在才能體驗。沒有群體的生命或抽象的生命。人們是所有生命，活著的每一個人都是「個體」。

在這個把本不該是物品的人類量化、抽象化的社會裡，基礎原理就是機械原理。這種社會，人們對生命漠不關心，甚至還積極地受到死亡牽引。

處在冷戰與核武威脅時代的佛洛姆，察覺到了這類戀屍性格的存在。在核武方面，將以往的戰爭正當化的任一解釋皆不適用，諸如對於攻擊的防衛、經濟利益、解放、光榮、維持一定的生活。一半的人口在數小時內化作灰燼，文化重鎮慘遭破壞，倖存者寧願羨慕那些死去的人們，而不是去過著非人般的生活。佛洛姆提問，明明這些慘事都能料想得到，那為什麼仍要準備核武，而且抗爭活動並沒有擴大呢？

「很多人有著想活下去的理由，或有些人是看起來如此，但當一切都遭到破壞時，他們如何能心智健全？這個問題有很多答案。但如果不包含以下內容，就無法提供讓人心滿意足的解釋。也就是說，人們不害怕全面性的毀滅，因為他們不愛生命，或是說，他們對生命毫無關心，甚至還有很多人受到死亡的吸引。」（同前書）

而且，多數人並沒有注意到這點。更甚者，將刺激所帶來的興奮錯認為生之喜悅，當擁有並使用很多物資時，還懷抱著充滿活力的幻想活著。

B 在「社會化」過程中的非生產性取向

另一方面在「社會化」的過程裡，則有兩種模式：⑴服從與支配的「共生關係」⑵退化與破壞。

⑴ 共生關係——「受虐癖」（masochism）與「施虐癖」（sadism）

在共生關係中，有時與他人關係會失去自立的能力，或從一開始就不懂自立，被他人吞沒或吞沒他人而成為別人的一部分，以避免陷入孤獨的危險中。

在與他人的關係中失去自立的情況，佛洛姆於臨床上命名為「受虐癖」。佛洛姆所說的「受虐癖」，並非是指以痛楚獲得性快感的意思。他所說的「受虐癖」是指，失去自我，企圖藉由依賴他人獲得安全感、安心，正是「逃避自由」。

依賴的類型相當多種，但受虐癖會一味地用犧牲、義務與愛將依賴合理化。例如，相信為國犧牲就是愛國亦是國民義務的人民，便是對國家、為政者有著受虐癖的依賴。在法西斯主義的情況下，「逃避自由」的過程通常以相對明顯的方式開始，但現在的形式更為簡約。與他人分離而孤獨弱小者會依賴高聲談論的權威。佛洛姆看穿了這樣的構造。這種構造並非僅有法西斯主義時期會發生的歷史現象，現在還更明顯了。

另一方面，積極的共生關係則是「施虐癖」。相較於受虐癖對他人有著「想被吞噬」的慾望，施虐癖則是有著「想吞噬」他人的慾望。這裡所指的施虐癖也不是指透過給對方苦楚得到性快感的意思。「意圖吞噬」他人的衝動，展現在所有種類的合理化中——愛、過度保護、「正當化的」支配、「正當化的」復仇。尤其提到「正當化的」支配、「正當化的」復仇時，佛洛姆便想到了戰爭。

完全支配無能為力的人就是這種「積極的共生關係」的本質，因此受到支配的人不是人類，而是被當作可利用、可剝削的「物品」。善意的施虐癖可能會希望自己所支配的對象會因自己的幫助而富有起來，擁有力量甚至獲得成功。然而，對方若想要自由且自立，不再是可操控的物品，他們就會試圖盡全力阻止。

即使此處提到了愛，但這裡的愛，就好比會說「我是為你好」的這類父母，以愛之名支配孩子那樣，這種衝動是基於支配他人，好讓他們成了可按照自己意願行事且無能為力的人，並偽裝成愛的模樣。這種「假面的善意支配」（《自我的追尋》）會屢屢於施虐癖上見到。

(2) 退化與破壞

根據佛洛姆的分類，第二種關係是「退化」還有「破壞」。在此，佛洛姆將退化視為問題，並且是與他人的消極關係。於情感層面，這類人對他人漠不關心。

「破壞」則是退化的積極形態。佛洛姆認為，這類人因害怕被他人破壞，而產生了破壞他人的衝動。比起「退化」，「破壞」會更強烈地阻止生產性，是對生命欲求與行動中的非生產性偏差行為。

II 生產性取向

A 在「同化」過程中的生產性取向

工作

另一方面，佛洛姆說「生產性取向」才是人類發展的目標，是人本主義倫理的理想。透過前述的「非生產性取向」，對於生產性取向為何物或許會有些概念。而「生產的」（productive）或是「生產性」（productivity）是使用於物品生產的詞彙，那為什麼會採用這個詞彙來表現性格類型呢？讀者們應該還不大了解。

製作物品是人類特有的能力。然而，「物品的生產」作為性格的一面，在象徵「生產性」上，首先因佛洛姆提出而引起關注。和前面看到的其他性格一樣，「生產性取向」是在所有領域裡人類經驗的關係的一種形式。佛洛姆將之定義如下：「所謂生產性是使用自己的力量，落實自己內有的可能性的人類能力。」（《自我的追尋》）

為了「使用自己的力量」，首要之務就必須自由，而不是去依賴某人。

而且，這個定義有個前提，那就是人類是由理性所主導的存在。只有知道自己的力量是什麼、如何使用，以及為了什麼使用，我們才能夠運用力量。

佛洛姆所說的「生產性」與「創造性」同義，另也有「自發性」的意思。但佛洛姆叮囑道，「生產性」時常與活動性（activity）混淆，這是不對的。佛洛姆所說的「生產性」並不是要「做出」什麼的意思。表面上有所行動的人無法因其行為改變了某事或帶來影響，只是單純受到了外來影響，這種情況反倒要分類至被動，而不能說是有生產性的。

受到不安感驅使，同樣也是「非生產性」。基於對權威的服從與依賴的活動，雖然跟性格有些不同，但仍要分類至「非生產性」。受到權威命令而執行權威所期望之事，的確無法說成是出於「生產性」（自發性）吧。

此外，即使不是明確的權威，仍然有人依賴於輿論、文化典範、常識，甚至科學等匿名的權威。這與之前提到的服從行為相似，但佛洛姆將其稱為「自動行為」。人們將他人的期待作為動機去執行某事時，其行為與原因都不是來自於自身內部而是外部，所以欠缺自發性。

甚至，也有人會受到嫉妒及羨慕等非合理性的情感所驅策而做出行動。這類人的行為會成為僵化的刻板印象。即使是積極主動的行為，但仍不自由也不具合理性。換言之，不會被視為具生產性。

B 在「社會化」過程中的生產性取向

愛與理性的思考

「愛」是他人與自我的關係生產性的形式。愛是兩個人之間的親密表現，但前提是希望對方成長且互不侵犯彼此的人格。生產性的愛，還有其與「理性思考」之間的關係請見下章。

目前為止的形態整理成如下頁表格：

同化的過程中	社會化的過程中	
非生產性取向		
接受型	受虐癖	共生關係
剝削型	施虐癖	
囤積型	破壞	退化
市場型	漠不關心	
生產性取向		
工作	愛、理性思考	

「同化」與「社會化」的關係

這章的開頭，我們看到兩種不同的「非生產性」與「生產性」取向中，在「同化」與「社會化」的過程裡，存在著某種相似。

「接受型」的態度與「剝削型」的態度雖都是採取或和平或帶攻擊性的對立關係，但會與對方之間形成一種親密感或靠近。

在「接受型」的態度中，處於優勢的是受虐癖的關係，服從於比自己更強大的人，而那些人就會給自己所需的物質。在這種意思上，他人是善的一切源頭，而強者會給自己所有需要的物資。

另外，「剝削型」的態度則是施虐癖的關係，為了要強行奪取他人之物，支配對方，讓其無能為力。

與此二者不同，「囤積型」的關係經常與他人保持距離，就算從外界獲得所有好的事物，也不會耗費物品，而是透過囤積來擁有。不管與外界有著何等親近感，只要出現在這個自足的系統裡就是威脅。囤積型的性格，基本上就是與他人關係的退縮，當感到外界的威脅，反而會試圖破壞並除去這份威脅。

「市場型」取向雖也是與他人保持距離的關係，但對照於「囤積型」取向，在各方面反倒友善。儘管這種友善相當薄弱。「市場型取向」的行為原理是，人與人之間的來往皆停留在表面，拒絕與他人在更進一步的情感層次上連結。

我們在下一章繼續對目前為止看到的「取向」進行一般考察，也來看看佛洛姆認為尤其重要的、特別形態的生產性——生產性的「愛與思考」。

第六章

「愛」是什麼

生產性的愛（productive love）和藉由思考克服孤獨

佛洛姆在其著作多數談論過愛，但在《愛的藝術》裡整合並論述了愛的概念。

現在再次回顧前一章的性格分類。人類存在基本上是孤獨的，並與世界分離。而且，人無法忍受這樣的「隔離」，想與世界連結，忍不住追求合一。

對於這類人「想要脫離孤獨」、「與他人合一」的根源需求，佛洛姆的回答如下文：「完整的答案，（中略）就在愛裡。」（《愛的藝術》）

另外，佛洛姆也曾描述：「愛是人類生存問題的唯一明智及滿意的解答。」（同前書）

那就讓我們來看看這到底是什麼意思。

幼兒時期「我」與「非我」並未分離，但最終會完全分離，這就是擁有「自我意識」，換句話說，孩子會逐漸能夠表達「我」。

聖經描述了在這種「分離」之前的狀態，即人類在伊甸園與自然融為一體的狀態。孩子在沒有自我意識時，便生活於伊甸園裡。

然而，由於不服從上帝，亞當和夏娃打開了雙眼，他們獲得了作為「個體」的自我意識，意識到自己與對方性別不同、跟對方不一樣。

這樣一來，人類解開了與自然的初次連結，這意味著，人類從自然與前人類和諧的枷鎖釋放出來。

在這個狀況下，佛洛姆有以下描述：「雖然他們察覺到相互間的分離，但他們仍舊是陌生者，因為他們還沒有學習到如何互愛。」這時的「自由」僅僅是單純從枷鎖釋放。然而，為了獲得這種自由，人類卻被逐出和諧的世界（這是佛洛姆所謂的「前人類和諧」）。曾經親密無間的自然變得陌生，甚至是敵對，人類在「世界」裡受到孤立。

因此，人類變得孤獨。這種孤獨讓每個個體都意識到自己與他人不同。當人們意識到自己與他人「不同」時，就會感到羞愧。

「未以愛重新結合，人類意識到孤獨是羞愧的根源。」（同前書）

就像嬰兒一樣，「我」和「非我」沒有分離，沒有自我意識，那麼無論做什麼都不會有人看到，所以不會感到羞愧。但如果別人與自己分離就意味著孤獨，就如自己看到別人有所感受或有所思考，當想到了別人看到自己也會有所感受與思考，便會覺得羞愧。

換句話說，人類是不能接受自己與他人分離的存在，因此不管使用任何手段，都希望脫離這種孤獨的牢籠。問題是，如何以更高維度再次恢復原始的「連結」。佛洛姆認為，可以透過「愛」來實現這點。而這種愛不是任何形式都行，必須是生產性的愛。

那麼，「生產性的愛」到底是什麼樣的愛？為了理解這點，我們先花點時間，就像討論「性格」那樣，來看看什麼是「非生產性的愛」。

在「愛」裡的「共生結合」(symbiotic union)

在此的分類援用前一章說明過的「性格」分類。

第一，回到出生前的狀態也就是母親與胎兒共生連結的狀態，來克服孤獨，心理上就是「共生結合」。在「共生結合」，母親與胎兒共同（syn）生活（biosis），且互相需要。胎兒是母親的一部分，從母親身上取得所有需要的物質。母親可以說是胎兒的全世界。

然而，有些人即使出生後離開母體獨立存在，還是想如胎兒時期那樣於結合中生活。這種心理上「共生結合」的被動形態就是「服從」。

這類人在像幼兒般受到愛護、照顧和保護的時候，會感到幸福滿足。不過，一旦與愛自己的人分別，他們就會害怕孤獨，被難以承受的不安侵襲。因此，找到任一個「強者」，他們就會對其百依百順。只要服從「強大的對方」，他們就不用冒險，去自行抉擇或背負因某個決定而失敗的責任。像這樣，選擇服從的人就是放棄了自由以避免孤獨，在前一章也有提到，臨床用語「受虐癖」即是適用這種狀態。

另一方面，「共生結合」的主動形態就是「支配」，臨床用語則是「施虐癖」。有施虐傾向的人，為了逃避孤獨，企圖將他人作為自己的一部分，膨脹自我，納入崇拜自己的人。

不過，有施虐傾向的人也會依賴服從他們的對象。所以不管是哪一類，都是只要沒有了其他人就無法生存下去。不同之處僅在於，施虐傾向者命令、剝削、傷害及汙辱對方，而受虐傾向者則接收命令、被剝削、受到傷害與汙辱。

雖然存在方式於外在形式上完全相反，但實際狀況可說是幾乎相同的「共生結合」。這兩者需求的都只是「與對方建立不健全的結合」。雖然他們的確尋求與他人結合，但會失去自己的個性，自己不再是自己。

「成熟的愛」

克服孤獨還有另一個方法——佛洛姆視為「正確的」方法——那就是達到「新的調和」。

這個「新的調和」跟先前提到的、前人類的、前意識性的樂園調和不同。這是在新的維度調和。佛洛姆說，這種在新維度調和是「透過在被自我與世界排斥的階段，人才可以到達完全的狀態。」（《禪與心理分析》〔*Psychoanalysis and Zen Buddhism*〕）

接著還有，「所謂誕生並不是只會發生一次，而是持續的過程。人生的目的就是完完整整地誕生。」（同前書）

佛洛姆認為，人生的悲劇多數是人類總無法與雙親、家人、人種、國家、地位、金錢還有神祇等「共生結合」斷絕，因此無法「完整誕生」而結束生命。佛洛姆所說的「誕生並不是只會發生一次，而是持續的過程」，是來自於人類必須為了生存不斷持續產出的想法。「新的調和」並非一蹴可幾。

那麼，如何才能達到「新的調和」呢？佛洛姆的答案是，克服來自「共生結合」的自我中心，並且發展自我意識、理性與愛的能力。

發展自我意識與理性，首要就是必須能夠將自己與外在世界區分開來。如果不能把世界對象化，就無法掌握世界。所以對於還沒有將世界視為對象的孩子而言，他們無法憑藉理性掌握世界。而為了與世界再次合一，就必須先受到排斥。

愛也是如此。只要持續作為世界的一部分，就沒辦法愛別人。以亞當和夏娃的故事為例，當失去了原初的和諧，他們兩人還不了解愛。只有意識到自己已經不再在樂園裡，感到孤獨時，才會試圖藉由愛來克服這種孤獨。

透過「共生結合」絕無法達成。如果沒有與對方分離並陷入孤獨，人就無法與人連結、無法去愛。只有那些「被分離」和「孤獨」的人們才能建立起完整且保有個性的結合，這就是「愛」和「新的調和」。為了去愛，「他人」首先必須成為「陌生人」。

與一般相信的不同，愛並不是「一體化」，而是「疏遠」，也就是說，把自己與對方分離開來便是此前提。在這基礎上，去克服這種「斷裂」。為了去愛，就必須打破障礙。如此，「陌生人」才能在愛的行為中不再是陌生人，而是成為「我」。

佛洛姆談到，阻礙人類互愛的這種「斷裂」狀態，稱其為「隔絕人與人的牆」。這裡要注意的是，他使用了「fellowmen」一詞。也就是說，在愛之前，他人本來就是夥伴。在德語中，fellowmen 是 Mitmenschen，意思是「人與人（Menschen）相互結合（mit）」。

然而，許多人將他人視為敵人而不是夥伴。德語的 Gegenmenschen，表示人與人之間的對立。只要將他人視為敵人，或者甚至只是將其視為「陌生人」，自己與他人之間就存在著一堵牆。

「成熟的愛」是打破這堵牆的力量，也是將自己與他人連接在一起的力量。佛洛姆稱為「重新連結」，即reunion，一度分離的事物再次連接，成為夥伴。在「成熟的愛」裡，孤獨感被克服了，而自己持續作為自己。不同於「共生結合」，得以保有自我的完整性。

翻譯為「完整性」的德語Integrität有不可侵犯性的含義。保持完整性，就如國與國之間尊重國界的不可侵犯性一樣，個人也要尊重自己與他人之間的界線。然而，另一方面，愛作為一種力量，打破與他人之間的隔閡，將人類連結在一起。

佛洛姆表示，所謂與世界建立起具有生產性的連結方法，就是如同在不損害個人獨特存在的狀態下，與世界互動的過程裡，能夠發揮自身力量。那麼，愛就是這個方法，但是什麼意思呢？

「人類存在的悖論在於，人類必須同時追求親近和獨立，與他人的一體感和獨特性、特殊性。」（《自我的追尋》）

在愛中，兩個人合而為一。然而，儘管如此，這種矛盾依然存在，他們仍然是兩個人。儘管我們可以用言語理解，但親近並仍保持獨立是種難以實際感受的矛盾。

佛洛姆說，對於這種悖論的回答就是「生產性」。

「人類透過行為和理解，能夠與世界建立生產性的關係。而在生產事物與這樣的創造過程裡，對於事物則擁有力量。」（同前書）

正如先前看到的，即使稱為「生產」也不是僅如字面上所示的製造物品。人類可以創作藝術品，構建思想體系。但其實生產性最為重要的對象是人類本身。是的，佛洛姆就是這麼說的。

在此，要注意他所使用的「力量」一詞，如果人與人毫無關係，那就不會產生任何「力量」。與他人之間產生關係時，才會產生「力量」。而佛洛姆認為，這種「力量」有兩種含義：「能力」（power of=capacity）和「支配」（power over=domination）。

「由於能力癱瘓而將力量視為支配。」（同前書）

在愛的關係裡，會癱瘓的是「愛的能力」（capacity to love）。沒有愛人能力的人會行使「力量」支配他人。這種「力量」導致了「支配—被支配的關係」，就是我們之前看到的「共生結合」。

沒有愛人能力者會試圖支配他人。為了要支配，對方則必須無能為力。至少透過這種看法，試圖將支配正當化。就像父母以愛的名義支配孩子。試圖透過這種方式支配他人的人，會全力阻止對方自由並獨立，不讓其擺脫自己的支配。

父母若是說「我是為了你好」，卻不希望孩子過上自由生活的情況，就是其中一例。那些暗中期望一直將孩子掌控在自己支配之下的父母，會阻礙孩子獨立，不希望孩子遠離自己。而在戀愛關係中，有時也會發生類似情況。

另一方面，被支配的人會變成「無」。換句話說，會失去作為人的個性。甚至，有些人就希望如此。因為服從就意味著無須自己決定。

這樣一來，支配者和受支配者就處於「共生」、「依賴成癮」的關係。

然而，當人擁有愛的能力時，既不會受到支配，也不會支配他人。不受某人支配以及不去支配某人的愛，就是成熟的愛，生產性的愛。

愛是「自發性的行動」

佛洛姆說，所謂愛就是「愛的能力」。

「成熟的愛」與一般所說的愛相當不同。這不是「墜入愛河」那樣被動的情感。認為愛是被動的人會輕率地去愛，但他們認為自己很不幸，很難找到相愛的人，找不到合適的伴侶，所以在愛裡找不到幸福。

但佛洛姆認為，愛不是被動的情感，而是主動的力量與活動。愛是主動的，是因為它關乎「給予」，而沒有意味著「接受」。

這種真實的愛是基於生產性。這份本質，無論是母親對孩子的愛也好，對他人的愛也好，對伴侶的性愛也是同樣的。

生產性的人因為克服了自戀的欲求，相信自己作為人類的力量。反過來說，無法相信自己的「力量」，就沒辦法「給予」，也就是沒辦法愛。「給予」（give）不是放棄（give up）了什麼或被奪走了什麼。於第五章提到的「非生產性」性格的人才會將「給予」看成如此。

例如，市場型取向的人會在有回報的情況下，歡喜地「給予」。

但他們會認為，明明我給出去了，要是沒有收到回報，就是被騙了。總的來說，對於非生產性傾向的人而言，給予就是讓自己變窮。因此這種類型的人拒絕給予，只有有回報時才會給予。

也有人認為，「給予」就是犧牲。因為痛苦而不得不給予，將給予的德行視作接受犧牲的行為。對受虐狂來說，比起忍受被剝奪而感受到喜悅，這還更好。

生產性性格的人對於給予有著完全不同的認知。「給予」就是「力量」的最高表現。

那麼，「給予」什麼？自己本身、自己最重要的東西，也就是生命。而且，藉由這樣的「給予」，他們會經驗到自己的強大、豐盛、力量。為了得到，也就是為了被愛，那就不是「給予」。「給予」是去愛這件事本身帶來的喜悅。

還有，這種「給予」的行為，肯定使他人的心裡也會產生某種東西。產生就是愛。藉由「給予」而「生產」愛。而且藉由「給予」，在對方心裡產出的東西，也就是愛，下次也會返回到自己身上。真實地給予什麼，就勢必會得到什麼。

愛的基本要素

不過，愛的主動性質並非只有「給予」，還有關懷、責任、尊敬以及知識，這都是佛洛姆認為的愛的基本元素。

「關懷與責任」是愛的本質，這表示愛不是令人無法承受的強烈情感。

而「關懷」是愛的首要要素，看到父母對孩子的愛就能得知。會忽略孩子三餐、洗澡這類事宜的父母，就算說他們愛孩子也不能相信。佛洛姆說了以下的話：「就算女性說喜歡花，看到她忘記澆花，就不能相信她對花有『愛』。所謂愛，是積極關懷所愛的生命與其生長。如果缺乏這種積極的關心，那就不是愛。」（《愛的藝術》）

愛的本質在於為了某種目的而「工作」以及「培育某物」。愛與勞力無法分離，我們愛我們為之付出勞力的事物，也會為我們所愛的事物付出努力。

愛的第二要素是「責任」。愛無法與「責任」切割。責任（resposibility）是回應（respondere）他人的反應（response）。責任並不是受到外部強迫才執行的義務。當知道某人尋求求救時，不是被強迫，也不是思考該這麼做才對，而是自己能夠做出判斷並自發性回應。

愛的第三要素是「尊敬」。尊敬（respect）如其語源（respicere=看到）就可得知，這個能力是看到對方真實的模樣，並知道其獨特的個性。真誠地、為了對方，希望並關心以對方的方式成長和發展。

當人愛上某人時，感到與所愛之人合一。即使如此，這是真實地與對方合一，不是為了自己而利用對方。從這層意義來講，為了尊敬對方，自己就必須保持獨立。

愛的第四要素是「知識」。要尊敬一個人，就不能在不了解他的情況下尊敬他。愛的知識不是停留在表面，而是深入核心，真實且有深度的知識。當超越自己的興趣，從別人的立場來看待那個人時，才能真正了解對方。

佛洛姆認為，不管自己或他人（同伴）都不能只憑藉普通的知識，也就是透過思考的知識，來真正「了解」彼此。完全「了解」的唯一途徑，就是愛。而他認為，這種行為超越了思考及言語。但要注意的是，這不是一般認為的「了解」，換言之，不是由思考而來的知識來「了解」，而是透過「合一」的體驗來了解。

了解他人，是另一個更為根本的愛的問題。渴望逃離孤獨的牢籠，並與他人連結，是基本的慾望，與另一個人類合一的慾望，即與想要知道「人類的祕密」密切相關。無論是自己還是同伴，我們或許能夠知道一些事，但不可能真正的了解。當我們越深入存在的內部時，就會離想要了解的事物越遠。儘管如此，人類無法抑制渴望，想知曉他人靈魂的祕密，也想抵達最深處的核心。

了解祕密的一種暴力手段是施虐癖。以力量壓制對方，依照自己的意願操控他們，使他們感受或思考，這樣一來，對方就是我的「物品」，成了我的所有物。毫無疑問，這麼做並不能真正地「了解」對方。

了解祕密的真正方法，就是愛。愛是主動進入他人內心。佛洛姆說，就是因為在「結合」的行為裡，我才會了解你、了解自己本身，以及了解所有其他人。

在愛的行為裡，在將自己奉獻出去，進入他人內心的行為裡，我會發現自己，會發現對方和自己，甚至會發現「人」。發現「人」就是先前提到的、人本主義的基本想法，也就是「每個人都代表著一切人類」。（《在幻想鎖鏈的彼岸》）

佛洛姆認為，與人合一的體驗，絕非宗教上非理性的體驗，相反地，是理性主義的結果。愛，終究不屬於情感面，而是屬於理性面。

因此，在愛的行為裡為了要完全「了解」，首先必須透過思考來知曉。為了看清現實的樣子，必須克服幻想，克服對對方所抱持的非理性、扭曲的形象，客觀了解他人和自己為首要。唯有透過客觀的「了解」，才能在愛的行為中真正認識對方的終極本質。

能夠與世界建立生產性關係的，正是這種透過理性運作而產生的「了解」。透過理性的力量貫穿現象的表面，能夠「了解」其本質。然而，這還不是終極的「了解」。透過愛的力量，超越將自己從他人分離的障礙，理解他人，是「愛」的終極形態。愛與理性是以不同形式理解世界的，而兩者缺一不可。

換言之，基於思考的知識，本質上是有限的，僅靠這種方式無法掌握人類或宇宙的奧祕。只有以理性為基礎，並且藉由超越理性的

「愛」，才能實現這種可能性——只有這個認知，才是真實合理的，也就是依據理性的認知、理性主義的認知，這是佛洛姆想表達的。

不應將佛洛姆的「理性」和「合理性」視為冷漠且非人性的概念。這兩者反倒是「人性的事物」，即他的「人本主義」之根基。遠離一切臆斷意見（doxa），「正確地了解」——只有透過這種行為，人類才能獲得幸福。而所謂「愛」，便是人類所「了解」的人性存在方式其最高的終極體現。

第七章

佛洛姆留給人類的遺產

我們應該如何活著

哲學的終極質問，是何謂幸福？如何才能變得幸福？本章，我們從《自我的追尋》以及佛洛姆晚年接受的採訪來看，作為哲學家的佛洛姆對於這類問題有何見解。

佛洛姆說，在現代社會，幸福已經不是人生的目的。

「現代社會，儘管強調幸福、個性還有自身利益，但人生的目的並非幸福（以神學用語來說則為救贖），而是感到盡了工作的義務或是成功。金錢、名譽、權力成了人類的動機、目標。人們抱持著幻想，以為自己做的事情是為了自己，但實際上是為了自己以外的所有事物

賣命。」（《自我的追尋》）

正確來說，在現代社會，人生的目標並非從幸福轉變為成功。對任何人來說，人生目的就是幸福，但他們卻認為，想要幸福就非得成功不可，也就是說，僅以單純的方式得手物品就是獲得幸福，錯以為這就是人生的終極目的。

「人」對於何謂人類、該如何生存這類問題一無所知，甚至不會注意到這些問題。

然而，有時卻會因某種契機開始思索人生意義，像是有人會覺得自己總是年輕或不願輸給年輕人（但有這種想法時，已經承認自己不年輕了），或是明明沒感受到身體有任何異狀，卻在某天病倒因而接受健康檢查，才發現了自己罹患癌症那樣。

這時他才會想自己該怎麼辦才好。不過，多數人不想自己思考，而會去尋求眼前的某個權威給予他們答案。這樣他們就不需要自己去找答案，總之為了不用自己找出答案，交給權威就對了。

有時，這個權威就是如「常識」般存在的匿名權威。如果毫不懷疑地相信大部分的人所擁有的常識，確實就不會感到煩惱吧。但當必須思考「自己」的人生時，常識是幫不上忙的。這不同於在漠然無定的日子裡考慮未來人生，當突然發生了阻擋人生前進的事，該如何活著只能由自己來思考。

佛洛姆評道，由佛洛伊德建立的精神分析確實擴展了對人類的了解，卻沒有深化人類如何生活和行為的相關知識。這是因為精神分析試圖將心理學建立為自然科學，卻犯了錯誤，忽視哲學和倫理學的問題。為什麼會變成這樣呢？佛洛姆表示，這是因為失去了目標。

「我們活著是為了經濟、經濟進步和技術進步。人生的目的並不是為了人類自己。」（Die Kranken sind die Gesündesten. Interview mit Jürgen Lodemann und Micaela Lämmle.〔病人最健康：與 Jürgen Lodemann、Micaela Lämmle 的訪談〕）

在以經濟為優先的社會中，人生目的是經濟而非人類，生產得更多則被視為目標，同時也允許更多的消費。但人生本來的目的應該是「人類本身」，就是必須「成為自己本身」。實現這一目標的條件，便是人類要為了自己存在。

這裡所說的「人類」不是一般的人類，而是「個人」。「人類並非『一般的』存在，而是在共享人類種族所有成員和人性核心的同時，始終是『個人』，是與他人不同的獨特存在。」（《自我的追尋》）

人只需實現自己的個性，就能實現作為人類的可能性。而活著，就是要「成為」自己。

活出自己的人生

某次搭乘電車時，有個罹患憂鬱症的年輕人找我搭話，他說：「周遭的人要我適應社會，但對我而言適應社會就意味著死亡。」

佛洛姆說過：「即使有人在社會上適應良好，但為了成為被期望的模樣，便會付出放棄自我的代價。」（《逃避自由》）

另一方面，像那位罹患精神病症的人，或許不適合現在的社會，但他沒有「捨棄自我」。或許罹患精神病雖然無法拯救自己，但從人性價值的觀點來看，比起不做自己且完全失去自己的個性，去當個「正常人」，這樣可說是更加正經認真吧。

佛洛姆說，被相信的正常人為了要被認為是有才能的人，他們會「不得不戴上自己心滿意足、幸福的面具。」（Die Kranken sind die Gesündesten. Interview mit Jürgen Lodemann und Micaela Lämmle.）

而在面具背後，他們有著不安、煩惱焦躁、憤怒、憂鬱或失眠等問題，因為「普遍每個人都擁有一個『現代人是幸福的』虛構謊言。」（同前訪談）

作為精神分析學者的佛洛姆，會有不同病症的病患去找他尋求解方。佛洛姆告訴他們，患者必須要先明白，自己表面上看似幸福但內心深處卻是不幸的，而且他們對自己的人生並沒有感到滿意。各式各樣的症狀，都是由於嘗試要補償這種不幸。

但「正常人」並不會意識到這點。因此，佛洛姆認為，「最正常的人，會是最有病的人，病人是最正常的人。」（同前訪談）「多數的人，也就是正常人，由於過於適應，所以把自己的一切都捨棄了。」（同前訪談）

認為自己很幸福的「正常人」，過度適應異常的情況，所以不知道自己正處在危險中。然而，就和沒有自覺的癌症患者一樣，他們的狀態非常危險。

說不出想講的話，沒有去做想做的事，就是沒有活出自己的人生。把自己工具化、機器人化，就不會在充滿矛盾的社會裡感到糾結，但「為了利益，就算傷害別人也不會受到良心苛責」（同前訪談）。這種人就跟艾希曼一樣，即使要他們做出不正當的行為，他們也會照做。

認為適應社會對自己而言就意味著死亡的那位年輕人，反倒看到了人生的真實。有精神病的人，其實是為了自己而戰，且絕不屈服的人。但倘若他們明白了就算沒有取得世俗所謂的成功，也不會生病了吧。

具生產性地活著

佛洛姆對於人生的意義有以下說法：「活著就是有生產性，不管是什麼，都不是為了要超越人類的目的，而是為了自我本身，使用

自己的力量，讓自己的人生有意義，才是作為人類。」（《自我的追尋》）

「無懼於面對真實，就會有以下的認知，發揮自身的力量，也就是藉由有生產性地活著，才會賦予自己人生意義，還有只要憑藉時常醒覺、活動、努力的一個重要課題——依據我們的存在法則所規定的限度範圍內，完全發揮我們的力量——就可以不失敗。」（同前書）

「只要當人認知到人類的狀況，以及我們擁有自身的存在與發揮自己力量的二分律這種能力，就能夠解決自己的課題——為了自己而活，自己的特別能力如理性、愛，以及完全落實生產性的工作，因此變得幸福。」（同前書）

作為人類

那麼我們看到現在的佛洛姆思想，對於活在這個時代的我們，能從這種思想中學到什麼呢？

「在希特勒的征服開始之後才開始抵抗希特勒的話，在開始之前就已經輸了。這是因為，為了對抗，就要擁有核心和信念，要相信自己，並且能夠做出批判性思考，是一個獨立的人，也就是說不是羊群裡的羊，而是必須作為一個人類。因此，為了獲得『生與死的技術』，需要付出許多努力、練習和耐心，就像所有技能一樣，需要學習。這樣成長的人會掌握分辨善惡的能力，知曉什麼對自己和他人是好是壞，而且不是於財產、成功或權力的層面上，而是於作為一個人的層面上。」（Hitler - wer war er und was heißt Widerstand gegen diesen Menschen? Interview mit Hans Jürgen Schultz.〔希特勒是誰？對抗他意味著什麼？與 Hans Jürgen Schultz 的訪談〕）

希特勒這種人在任何時代都可能會出現。而今，我們是否能夠斷言，已經不會發生在開始抵抗前便告敗陣的情況呢？

覺醒吧

「在社會問題上，歸根究柢，人類的性命至關重要。所以，就算可能性微乎其微，我們仍必須保持希望的立場。」（Die Kranken sind die Gesündesten. Interview mit Jürgen Lodemann und Micaela Lämmle.）

佛洛姆說，現在主要關注的只有一個問題，就是戰爭與和平。人類摧毀了地球上所有生命以及留存的一切價值後，不能否認可能會創造出一個野蠻、極權主義的機構，以力量支配倖存者。認識到這種危險的存在，是我們今天唯一必須遵循的義務，唯一的道德和智慧的命令。如果不遵循這個命令，我們將會毀滅。

如果因為能摧毀地球上所有生命的「核武大屠殺」導致我們滅亡，那並不是因為我們無法成為人類，也不是因為天生邪惡，而是因為無知。因為我們沒有直接面對我們正朝向深淵走去的現實，沒有按照真理行事。佛洛姆說：「我相信人類的完整性。但如果不立即覺醒，能否實現這個目標仍值得懷疑。」（《在幻想鎖鏈的彼岸》）

佛洛姆認為，人類以現狀來看是不完整的。但儘管如此，人類仍然必須將完整性作為目標。

世界在任何時代都是悲慘的，總讓人感覺像是被黑暗的夜晚籠罩著。但我們依舊不能逃避現實，還必須直接面對這個現實。在那悲慘中，仍要相信人類的「善」——這就是佛洛姆所說的基於「愛」而產生的人本主義——把賭注放在「善」上，這就是他所傳遞的訊息。我如此深信。

引用自佛洛姆的文獻資料

Escape from Freedom, Holt, Rinehart and Winston, 1941.

The Art of Loving, George Allen & Unwin, 1957.

To Have or To Be?, A Bantam Books, 1988.

Beyond the Chains of Illusion: My Encounter with Marx and Freud, Open Road Media, 2001.

The Heart of Man: Its Genius for Good and Evil, American Mental Health Foundation Inc, 2010.

Psychoanalysis and Zen Buddhism, Open Road Media, 2013.

The Sane Society, Open Road Media, 2013.

Man for Himself: An Inquiry Into the Psychology of Ethics, Open Road Media, 2016.

Erich Fromm Gesamtausgabe, Open Publishing, 2016.

佛洛姆：自由自在活著，不怕孤獨

今を生きる思想 エーリッヒ・フロム 孤独を恐れず自由に生きる

作者　岸見一郎
譯者　鄭寬量
主編　蔡曉玲
行銷企劃　王芃歡
封面設計　Bianco Tsai
內頁設計　賴姵伶
校對　黃薇霓

發行人　王榮文
出版發行　遠流出版事業股份有限公司
地址　臺北市中山北路一段 11 號 13 樓
客服電話　02-2571-0297
傳真　02-2571-0197
郵撥　0189456-1
著作權顧問　蕭雄淋律師

2024 年 9 月 1 日初版一刷
定價新台幣 350 元
（如有缺頁或破損，請寄回更換）

Printed in Taiwan
ISBN：978-626-361-824-4
遠流博識網　http://www.ylib.com
E-mail: ylib@ylib.com

IMA O IKIRU SHISOU ERICH FROMM KODOKU O OSOREZU JIYUU NI IKIRU

國家圖書館出版品預行編目 (CIP) 資料

佛洛姆 : 自由自在活著 , 不怕孤獨 / 岸見一郎著 ; 鄭寬量譯 . -- 初版 . -- 臺北市 : 遠流出版事業股份有限公司 , 2024.09
面 ; 公分
譯自 : エーリッヒ . フロム : 孤独を恐れず自由に生きる
ISBN 978-626-361-824-4(平裝)
1.CST: 佛洛姆 (Fromm, Erich, 1900-1980) 2.CST: 學術思想 3.CST: 哲學
145.59　　113009643